协同育人理论建构与实践探索

张效民 等 著

中国出版集团
世界图书出版公司
广州 · 上海 · 西安 · 北京

图书在版编目（CIP）数据

协同育人理论建构与实践探索／张效民等著．—广州：世界图书出版广东有限公司，2025.1重印

ISBN 978-7-5100-8734-9

Ⅰ.①协… Ⅱ.①张… Ⅲ.①高等职业教育—教学研究—中国—文集
Ⅳ.①G718.5-53

中国版本图书馆CIP数据核字（2015）第040468号

协同育人理论建构与实践探索

策划编辑　陈　洁
责任编辑　梁少玲
封面设计　高艳秋
出版发行　世界图书出版广东有限公司
地　　址　广州市新港西路大江冲25号
电　　话　020-84459702
印　　刷　悦读天下（山东）印务有限公司
规　　格　787mm×1092mm　1/16
印　　张　12.75
字　　数　250千
版　　次　2015年7月第1版　　2025年1月第2次印刷
ISBN　978-7-5100-8734-9/G·1741
定　　价　68.00元

MU LU 目录

协同育人研究

关于加快职业教育发展的几点建议

张效民

摘要： 习近平总书记关于加快发展现代职业教育重要指示为我国职业教育的改革发展指明了方向。本文就落实习总书记重要指示精神，促进我国职业教育的改革发展提出具体建议。一是要提高认识，把习总书记重要指示精神落到实处。二是要加大办学体制改革，促进职业教育办学体制多样化、多元化。三是要加大职业教育法律法规体系建设。四是要激发各类企业和社会组织深度参与、大力支持职业教育的积极性。五是要从实际出发，科学规划全国职业教育，稳妥推进地方职业教育发展。六是要积极开展办学模式创新研究和实践探索，加大职业教育系统和学校内部管理制度的改革，激发职业学校、院校教师培养高素质劳动者和技能人才的积极性。七是要加强教师队伍建设，切实解决职业教育师资严重不足的现实问题。八是要引导社会人才观念的转变，为职业教育发展创造良好的社会环境。

关键词： 重要指示　认识　瓶颈　改革发展　落实　建议

作者简介： 张效民，深圳市政协副主席、深圳职业技术学院副院长。

全国职业教育工作会议于2014年6月23日至24日在北京召开，中共中央总书记、国家主席、中央军委主席习近平就加快职业教育发展作出重要指示，他强调，“职业教育是国民教育体系和人力资源开发的重要组成部分，是广大青年打开通往成功成才大门的重要途径，肩负着培养多样化人才、传承技术技能、促进就业创业的重要职责，必须高度重视、加快发展。”[1]习总书记的重要指示涉及职业教育发展的各个方面，全面深刻地阐明了我国职业教育加快发展的目的、目标、路径和环境构建等一系列相关职业教育发展的重大问题，指出职业教育在我国整个教育体系中的重要地位以及在实现“两个一百年”目标和中华民族伟大复兴的中国梦历史进程中的极其重要的作用，是引领我国职业教育加快发展的重要指导思想和指导方针。

职业教育作为我国教育体系中十分重要的组成部分，首先承担了培养高素质劳动者和高质量技能型人才和促进就业的重要任务，客观上也承担着提升民族素质的责任。我们一定要认真学习和落实习总书记重要指示精神，把职业教育办好。现在结合我国职业教育发展的现状，提出以下建议。

一、要提高认识，把习总书记重要指示精神落到实处

采取切实措施，创造一切必要条件支持职业改革教育发展。一是各级党委政府和部门领导一定要提高认识，把习总书记关于“各级党委和政府要把加快发展现代职业教育摆在更加突出的位置，更好支持和帮助职业教育发展，为实现‘两个一百年’奋斗目标和中华民族伟大复兴的中国梦提供坚实人才保障”[2]的要求切实落到实处。积极使习总书记重要指示和本次全国职业教育工作会议精神、国务院《关于加快发展现代职业教育的决定》的要求落地生根，开花结果。要根据习总书记指示精神和国务院《关于加快发展现代职业教育的决定》的要求，结合本部门、本地区职业教育发展实际，制定具体化、细致化的落实措施。二是农村地区、民族地区、贫困地区和其他欠发达地区的党政部门领导，一定要改变过去口头上重视职业教育，实际上只重视基础教育的做法；改变过去文件上重视职业教育，但是在计划预算安排上、财政拨款上忽视职业教育的现状。要根据本地职业教育发展的实际情况，修订、完善职业教育发展规划，积极解决本地职业教育发展的结构性失衡问题、师资不足尤其是双师型职教教师严重缺乏的问题和职业教育资金严重不足、设备设施缺乏的问题，真正加快职业教育的健康、快速、高效发展，建设适应本地需求的完善、科学、合理的职业教育体系，为地方经济的发展注入新的活力；三是中央和省级发改、预算计划、财政、教育部门要建立扶持地方职业教育专项资金，加大对于地方尤其是农村地区、民族地区、贫困地区和其他欠发达地区职教发展的支持力度；要加强对于地方专用基金使用情况的检查督促，使专项资金能够真正用到关键处，发挥积极作用，真正把习总书记关于“要加大对农村地区、

民族地区、贫困地区职业教育支持力度”的指示要求做好做实。四是组织部门要把发展职业教育作为各级干部政绩考核指标之内，以推进义务教育的决心和力度来推进职业教育发展。

二、要加大办学体制改革，促进职业教育办学体制多样化、多元化

办学体制是当前制约职业教育发展的瓶颈，必须加大改革力度，打破瓶颈，才能解放职业教育发展的生产力和活力。一是要加大职业教育办学体制的改革力度，促进职业教育尤其是高等职业教育办学体制的多元化、多样化，探索混合所有制办学新体制，改变当前我国职业教育办学主体单一的现状。当前我国公民办职业教育、学校办学体制单一，公办职业教育，就是政府出资；民办职业教育、学校就是私人企业出资。政府出资兴办的职业学校以事业单位来进行管理，制约了职业教育和学校的改革发展。私人企业办学的职业学校以营利为目的，至少也不能亏本办职业教育，也不利于职业教育健康发展。必须从办学体制上加以改革，促进职业教育和学校办学主体的多元化、多样化，以增强职业教育和学校外部资源的获得和内部活力的产生。二是积极探索职业教育办学体制多元化、多样化的实现路径。我认为，可以探索政府为主导，引入社会资金发展职业教育，建设职业院校；可以鼓励多个私人企业建立职业教育发展基金共同建设职教学校。三是鼓励有条件企业自行开办职业院校，政府开放职业教育学校的举办权，在办学所需土地资源、建设过程中的立项、计划安排、审批历程、专业设置、学历层次设置和审批程序上予以支持。现在的企业尤其是较大型企业人才济济，又有职业技能人才的旺盛需求，是有条件、有能力兴办职业教育的。事实上，深圳的富士康、华为集团、华大基因研究院也都在内部设立了职业培训学院，大型房企花样年集团也具有兴办自有、本科层次高等职业技术学院的强烈要求。企业兴办职业教育，开展职业培训对于学生就业和企业解决招工难问题具有重要作用。这样做，就把习总书记“要牢牢把握服务发展、促进就业的办学方向，深化体制机制改革，创新各层次各类型职业教育模式”的要求落到了实处。

三、要加大职业教育法律法规体系建设

加快职业教育建设涉及千家万户，涉及亿万青年的学习选择；也是我国经济转型升级，社会发展的紧迫需求，在我国大力建设法治国家的今天，必须以法律予以保障。当前，一是要对于我国现有涉及职业教育的法律法规进行全面审视，研究哪些已经不能适应当今加快职业教育发展形势的需要，尽快加以修改完善。比如，我国《职业教育法》1996 年制定，近二十年未能修订，许多内容显然已经不能适应今天高职教育加快发展的需要，应该予以修改、补充和完善。1996 年国务院学位委员会制定过《专业学位授予暂行办法》，至今也未修订，不能适应今天高等职业教育蓬勃发展的的要求，也应该予以修订。可以考虑把高等职业院校各专业列入学位授予目录；给高职院校培养出来的相当于六至八级高级技工的技能型人才授予专业硕士、专业博士学位。二是以法律形式进一步明确政府发展职业教育的责任，以法律保障职业教育的健康快速发展。三是以法律形式明确各类办学主体的办学责任和权益，明确规定企业和其他社会组织兴办职业教育的投入冲抵税收额度，以激发企业和其他社会组织兴办职业教育的积极性。四是明确各层次、各类型职业教育学校和机构作为办学主体的的权利和义务，明确他们的职责，真正落实其办学自主权，减少来自政府和社会其他方面的不当干预。五是明确企业和社会组织深度参与职业教育的社会责任和义务，为职业教育的实习基地建设创造更好的条件。六是以法律形式保障职业教育学生的就业选择权利。可以考虑制定《反就业歧视法》保障包括职业教育学生在内的就业选择权。规定政府各部门和社会不得对于就读职业学校的学生作出歧视性规定和要求。

四、要激发各类企业和社会组织深度参与、大力支持职业教育的积极性

各类企业和社会组织深度参与、大力支持职业教育是激发职业学校活力，提高职业教育水平，培养各类职业人才的必由之路，也是落实习总书记提出的“坚持产教融合、校企合作，坚持工学结合、知行合一，引导社会各界特别是行业企业积极支持职业教育，努力建设中国特色职业教育体系”[3] 的重

大举措。职业教育离开了企业与社会组织的深度参与和大力支持，关门办学，必然脱离实际、脱离社会、脱离企业和产业对于技能型人才的需求，是没有出路的。因此，从事职业教育的各层次学校和各类别办学、培训主体，既要主动走进社会、走进企业，把企业引入学校，把企业文化精神融入学校的育人之中，政府各部门也要以法律制度来保障企业和社会组织深度参与职业教育的积极性。现在一些大型企业有兴趣对于普通全日制重点大学捐赠办学经费，设立各类奖学金，是因为企业有研究型人才的培养使用需求，他们对于技能型人才的需求紧迫性还认识不足，但是随着企业招收底层务工人员越来越困难，以及内外市场对于高质量产品的要求的强烈，对于产品的标准愈来愈严苛，还有出于自身发展对于质量要求的压力，企业领导者对于高素质劳动者和技能型人才的认识将会越来越清晰。各级党委政府要采取措施引导这些企业和社会组织在校企合作、产学融合、工学结合、促进职业学校知行合一上迈出更大的步子，与职业学校共同培养高素质的劳动者和技能人才，这是职业教育和企业、社会组织实现双赢的大好事，只要引导得法，措施有力，是完全可以实现的。

五、要从实际出发，科学规划全国职业教育，稳妥推进地方职业教育发展

我国地域辽阔，各地区发展具有明显的不平衡性：沿海地区的职业教育需求不同于民族地区，不同于内地；城市对于职业教育的要求不同于农村地区；发达地区不同于贫困地区、欠发达地区。经济发展的不平衡性缘于产业发展的不平衡性，不同的产业发展阶段对于职业教育的需求是不同的。一是从全国来讲，发展职业教育，不能搞一刀切，不能千校一面。不能一个要求，国家教育主管部门要下放管理权限，实施分类指导、分类管理。二是从区域和地方讲，一定要认真研究本地产业发展的需求，要根据不同地区不同的发展实际需求和适龄就业人群的实际状况，客观冷静、科学规划本地职业教育的发展，规划和培育各类型、各层次职业学校的特色特点，切忌盲目而起，脱离产业和社会发展实际，防止大起大落。三是各层次、各类型职业学校的设立，要根据产业发展的现状与可靠趋势，科学论证，不能盲目铺摊子、设学校、定专业。从我国高职学校的现状看，行业类职业院校的设立对于行业

来说，具有明显的针对性，培养的学生的就业能力较强，办学成效较为明显；而在社会发展比较成熟的、各个方面产业成熟度较高的大城市，尤其是特大型城市，兴办综合型、本科以上层次职业技术院校的要求更为强烈，这是党和政府以及国家教育主管部门应该高度重视的。四是对农村地区、民族地区、贫困地区现有中等职业教育学校进行整合。据我们了解的情况，一些农村地区、民族地区、贫困地区兴办的中等职业学校往往有名无实，绝大多数是把普通高中更名为职业学校，既无适任的师资，更无必要的设备设施，似此如何开展职业教育？因此有必要对于此类不具备条件的所谓中等职业技术学校予以调整整合，减少数量、扩大规模、集中资源、努力办学提高质量。

六、要积极开展办学模式创新研究和实践探索，加大职业教育系统和学校内部管理制度的改革，激发职业学校、院校教师培养高素质劳动者和技能人才的积极性

职业教育办学模式是我国职业教育至今也未完全解决好的问题，需要我们下大力气去研究、去探索、去创新实践，在实践中完善办学模式。习总书记重要指示要求“要牢牢把握服务发展、促进就业的办学方向，深化体制机制改革，创新各层次各类型职业教育模式，坚持产教融合、校企合作，坚持工学结合、知行合一，引导社会各界特别是行业企业积极支持职业教育，努力建设中国特色职业教育体系”[4]，其实就包含了办学模式创新的内容。我认为，要达到这个要求，一是职业教育和各层次职业教育学校要进一步明确办学方向，积极避免职业教育和普通教育同质化、同构化倾向；二是要积极鼓励和支持办学模式改革创新的研究和实践探索。以前一些学校借鉴德国双元制职业教育模式，也提出过“工学结合、顶岗实习”的办学模式，当然可以继续实践探索，但是还需要结合不同地区、不同产业发展的不同需求进一步创新办学模式，才能真正办出自己的特点，适应本地产业和社会发展对于人才的需要。比如深圳职业技术学院近年提出“文化育人、复合育人、协同育人”的“三育人”高职育人模式，对于符合习总书记指示精神的，应该予以鼓励和支持。三是要认真研究本地产业的特点，细分职业教育内部专业结构，强化职业教育和各层次职业教育学校的专业设置的针对性。四是要强化学校内部的管理改革。在教育行为中，教师的行为是十分重要的。根据组织

行为学的研究，组织的建立就意味着组织固化进而僵化的开始。对于一个学校单位而言，这个倾向更为明显。因为，比之于其他组织，学校具有自成体系的完整性、与社会相对隔绝的封闭性、专业设置和设备设施的相对固定性、教师劳动的个体化与稳定性，容易滋生自我封闭的倾向，容易形成对于办学模式带来的可能冲击的抗拒。因此，各级党委和政府应该积极支持各层次职业学校拥有办学自主权，使校长独立行使办学必须权力，同时要支持各层次职业学校内部管理制度的改革，包括人事制度改革、分配制度改革、评估考核制度改革和分配制度改革，以激发广大教师的改革创新热情，推动各层次、各类型职业教育加快发展。

七、要加强教师队伍建设，切实解决职业教育师资严重不足的现实问题

职业教育师资是困扰职业教育发展的大问题，必须认真重视。从全国来讲，各层次职教师资的缺乏，尤其是双师型师资的缺乏是一个普遍现象。近年来虽有改变，但是并未从根本上解决问题。这个问题在农村地区、民族地区、贫困地区表现尤为突出。必须下大力气抓好师资问题，职业教育才能真正走上正轨。一是采取政策措施鼓励企业工程师和研发人员专、兼职担任职业教育教师，不拘一格选任职教教师。二是鼓励理科院校教师和社会组织管理人员转入高职院校任教。三是在农村地区、民族地区和贫困地区，采取措施，鼓励城市企业研发人员、具有一技之长者担任职业教师，鼓励在普通学校任职的教师转变观念、提升职业教育能力，转入职校任教。对以上几类教师，可以考虑发放职教津贴，增强职业教育对于教师的吸引力。四是搞好制度安排，加大发达地区职业院校对于农村地区、民族地区和贫困地区的职教师资的培训、培养和帮扶力度。鼓励发达地区各层次职业教育教师短期任教示范；安排优秀的城市职业技术学院要对口为农村地区、民族地区和贫困地区培养和培训师资力量。各级招生机构应该在固定取向招生指标分配、录取分数上予以适当支持。五是为各层次、各类型职业教育学校和职业培训机构选配好带头人。从学校讲，就是选好校长，配备好党政班子。还要培养校长后备队伍，以利职业教育的长远、高质量发展。以前基础教育有一句话，“一个好校长就是一所好学校”，这对于职业学校也是完全适用的。千万不要把职

业学校校长当成一个人事安排的位子，而应该视为一个创新发展的岗位，要把具有很强事业心，对于职业教育具有深刻认识，学习能力、创新意识、管理能力和适应能力强的干部安排到各层次职业学校校长的岗位上，并大力支持校长行使办学自主权，把职业教育办好，办出水平。

八、要引导社会人才观念的转变，为职业教育发展创造良好的社会环境

政府用人机制的歧视性规定、社会对于职业教育低人一等的偏见、从事职业教育教师的对于其他高校教师的自卑心理等等也是制约职业教育加快发展的因素。要大力破除这些歧视现象和社会心理，职业教育的快速发展才能成为现实。要认真落实习总书记重要指示要求，“树立正确人才观，培育和践行社会主义核心价值观，着力提高人才培养质量，弘扬劳动光荣、技能宝贵、创造伟大的时代风尚，营造人人皆可成才、人人尽展其才的良好环境，努力培养数以亿计的高素质劳动者和技术技能人才”[5]。一是要提高职业院校的地位。前几年，高校去行政化的呼声一阵高过一阵，但是仍然未见有何成效。在这种社会和时代背景下，可行的办法就是提高职业教育的地位，至少应与普通高校具有同等地位。可在全国范围内选择一批办出水平、办出成绩、具有普遍的社会认同度的高等职业院校，升格为本科高职类型的本科院校，实施本专并举，专业学士、硕士及博士教育体系完整的职业技术教育；在其中再选择数所高职院校，确定为副部级高职院校，获取与211和985大学同等甚至更多的教育资源，这对于改变职业院校在一些人心目中根深蒂固的低人一等乃至数等的印象和偏见，具有立竿见影的效果，当然也更是培养更高层次技能型领军人才，优化高职院校师资结构的需要。二是在优秀的高职院校校长中选拔教育部主管职业教育的司局级领导干部直至副部长、部长，使真正懂得职业教育的领导来主管职业教育发展。三是大力改革政府部门用人制度对于高职毕业学生的歧视性制度规定。当前，政府部门招收公务员，动辄要求全日制普通大学学士或者研究生学历，而高职院校的学生绝大多数仅仅是大专学历，自然被摒弃公务员招考之外，给社会造成的观感就是高职院校学生低人一等。其实，公务员单位也需要大量的技能型人才，许多岗位并不需要本科或者以上学历，不需要本科或者以上学历的岗位一定要使用本科及

其以上学历，实际上造成了人才的浪费，也使大专学历的高职院校学生连公务员考试资格也得不到，实际上的歧视性是显而易见的。当然不是说高职院校学生都要去当公务员，而是说一些技能型岗位应该也给他们提供公平竞争的机会，这样才能如习总书记指示中所要求的“努力让每个人都有人生出彩的机会”[6]。四是要积极主动搭建中高职衔接、高职与其他类型高校相衔接的各类教育互通的立交桥，建立职教类别的中职、大专、专业学士、硕士和博士完整的职业教育学位教育体系，与世界发达国家高等职业技能教育接轨；要支持长三角、珠三角、环渤海区域和大城市成熟的高等职业院校升格为本科高职院校或者是应用类技术大学、科技大学。整体提升职业教育的办学层次和办学水平，既是各类型、各层次职业教育师资培养的摇篮，又是培养更高层次专业型、技能型人才的工作母机。我们认为，这也是当前加快职业教育体系建设的十分重要和紧迫的工作，必须认真重视，抓紧落实到位。

参考文献

［1］［2］［3］［4］［5］［6］倪光辉．更好支持和帮助职业教育发展 为实现“两个一百年”奋斗目标提供人才保障［N］．人民日报，2014-6-24（1）．

中国高职教育“三育人”理论整体观及其特点

张效民

摘要： 所谓“三育人”指的是文化育人、复合育人和协同育人。我们认为由“三育人”形成的理论体系，是在对二十余年来我国尤其是发达地区高职教育的认真回顾、总结和反思，纵观国际高职教育尤其是发达国家高职教育的经验而提出来的。体现出我国高职教育理论构建的自觉意识和历史使命感。“三育人”理论源于实践，又是对于我国高职实践经验的总结升华。不仅对于我校育人模式的改革具有极其重要的指导意义，也必将对我国高职既有育人模式产生巨大冲击，发挥引领作用。本文拟从“三育人”育人理论整体观度角度对于其内涵做些阐述，同时就这一理论的特点进行了探讨。

关键词： 文化育人　复合育人　协同育人　整体　相互联系　特点

作者简介： 张效民，深圳市政协副主席、深圳职业技术学院副院长。

一

近几年来，深圳职业技术学院刘洪一先生提出了“三育人”的育人理念。所谓“三育人”，是文化育人、复合育人和协同育人的简称。这种育人理论基于“文化自觉”“教育自觉”和“创新自觉”而提出。我们认为，这一根源于我国二十余年丰富的高职教育实践的育人理论的提出，具有鲜明的改革特色、时代特色、创新特色，体现出对于中国高职教育理论体系构建的高度的理论自觉。也是对于改革开放以来我国高等职业教育教育模式的全面发展与提升，具有鲜明的与时俱进的、回归教育的文化本源及高职院校育人规律和本质探索的意义。

理论应时代的需求而生。任何理论的提出，必须具有鲜明的内涵和外延，必须具有内在的逻辑联系，亦即必须成为一个自足的完整体系，才能产生服人的逻辑力量；任何理论的提出又必须来源于实践，回答实践提出的必须解决的问题，提供解决问题的基本思路、基本方法、基本路径，从而真正发挥对于高职育人实践的指导作用。“三育人”理论来源于我国高等职业教育改革开放三十余年的丰富实践，尤其是发达地区的职教院校，如深圳职业技术学院二十余年对于全国高等职业教育具有引领性的育人实践，回答了在我国改革开放的新的历史时期、社会经济发展的崭新阶段，产业转型升级、现代产业体系建设、外向型经济高度发达、国际化平水日益提高、全球化程度日益加深对于高职育人的新需求、新问题，构成了完整的高职教育育人理论体系，不仅对于深圳职业技术学院，而且对整个发达地区高职教育和全国高职教育的育人取向产生重大影响，继续发挥引领作用。

二

理论是由一系列内涵、外延清晰的概念体系构成的。严格的说，理论体系就是相互联系、相互独立、相互影响的概念系统。因此，梳理“三育人”理论体系，必须梳理这个理论的概念系统，明确其内涵和外延，理清这些概念之间的联系。这里对于“三育人”最为基本的概念做一些界定。

关于文化育人：首先要明确文化的内涵。当今各类学者关于文化的定义繁多，据统计已达200余种。大致说来，有物质文化和精神文化两分说；有物质文化、制度文化、精神文化三层次说；物质、制度、风俗习惯、思想价值四层次说；有物质、社会关系、精神、艺术、语言符号、风俗习惯六大子系统说等等[1]。我们认为，文化是人类在漫长的与自然界的斗争中，在长期的文明社会进程中从事物质的生产、对自然的认识和精神的探索与从事政治、经济、军事、外交、相互交往等各类社会活动过程中所产生、积累起来的，为不同时期人类各族群、各部落、各民族、各团体、各个国家成员所共同创造、共同崇奉、共同遵循、共同拥有的价值理念、制度体系、行为模式和精神活动、物质文化生产方式的总称。

在“三育人”理论框架中我们使用的文化概念，主要是从思想精神、价值观念、道德素养、行为规范层面上讲的。不过多涉及物质文化、制度文化、物质文化生产方式的范围。

何谓文化育人？所谓文化育人，指的是以先进的文化理念和人类正向文明理念引领育人行为。具体说，就是“倡导富强、民主、文明、和谐，倡导自由、平等、公正、法治，倡导爱国、敬业、诚信、友善，积极培育和践行社会主义核心价值观”[2]。以社会主义核心价值观为指导，大力弘扬民族精神和时代精神，深入开展爱国主义、集体主义、社会主义教育，把优秀传统文化、改革开放的时代精神、勇于开拓进取的创新文化和遵纪守法、诚实守信、友善循礼的行为文化，敬业乐业、勤于奉献的职业文化，精益求精、刻苦耐劳的技术文化以及开放包容的国际文化情怀，通过一系列教育行为内化为学生的基本素养，使其成为学生基础性的价值观念和人生遵循准则，让学生养成正确的人生观和价值理念，为学生的可持续发展奠定坚实的思想道德基础。

任何教育和育人都是文化行为和文化过程。在中国高职教育三十年的实践中，高职教育体现的是一种应对就业需求和企业用人需求的实用文化、技术文化，体现为一种对于实用的、强烈的功利性追求，重“器”而轻“道”的特点十分明显。

中国高职教育二十余年的发展，在经过对传统文化的彻底否定的文革，又置身于大改革开放时代的粗放型生产方式和低端（三来一补）产业高速发展对产业工人程式化、机械化技能需求的工业化时代，加上拜金主义、为致富而不择手段的浮嚣社会心态的强烈影响，凸显出那种与人的标准、方式与当今及未来社会发展、产业提升、现代产业体系建设的不适应；也凸显了与学生个性化成长和扩展发展空间，拓展人生价值的需求的不相适应，更凸显了当今提出“文化育人”的紧迫性、必要性和创新性。也决定了现在提出的“三育人”必具的崭新的内涵，即：社会主义核心价值观念的先进性、优秀传统文化的继承性、强调改革意识和创新精神的时代性、突出职业素养的专业性和以德育人的基础性。这决定了文化育人在中国高职教育育人行为中必居于引领的地位。

关于复合育人：复合指的是一种方式，是指不同物质材料、不同元素的多重叠加融合，或者同质物质材料、相同元素的累积。自然界的物质大多不是单一元素构成的。地质运动、火山爆发形成的山体岩石，不是由单一的元素构成的；每种植物也不是由单一物质元素构成的；甚至连人本身也不是由单一物质构成的；构成物质的最基本单位也不是单一的，都是不同元素复合融汇而成的。复合是自然界物质原始生产的方式和显著特征。

复合也是人类物质生产的方式和显著特征。只不过人们物质生产的复合是按照既定目标、有意识地把最适合的物质元素复合叠加融汇在一起而形成新的物质。人们在普通钢铁中复合进一种或者数种微量元素，从而改变了普通钢材的特性，变成各种与普通钢材不同特性、不同用途的合金钢和特种钢材，以适应人类生产、生活的各种不同需求。与之不同的是，柔软的石墨，由于原子结构的改变，性能将最终改变，形成硬度极高的钻石，成为一种全新的物质材料。前者是不同元素的叠加融合而使得物质性能的改变；后者是由于同种元素原子结构的改变而形成的一种全新的材料。这显然是人类改变世界基本方式和辉煌成就之一。

何谓复合育人？复合育人指借用复合概念来表达一种人才培养的方式。指的是针对育人目标的需要，将各种育人因素根据特定育人目标的要求，通过各种育人方式和育人手段复合、叠加、融汇成为被培育者的基本智力结构、能力结构，形成被培育者面向社会、面对人生各种挑战的基本能力和可持续发展的能力的育人方式。

人类通过教育的育人行为，本质上就是将育人因素以不同方式和不同途径复合、融汇而形成被培育者的智能结构，以期被培育者能够适应成长、发展的需要。初民阶段的人类教育是口耳相传的教育，长辈们把自己从长辈那里承继下来或者是自身从与自然斗争或和谐相处过程获得的经验、技能以直接示范的方式传递下来，比如渔猎技能、辨识方向的知识与能力、取火能力等等。其知识结构不可能是单一的，因为那时人们在自然界的处境是极其险恶的，面对的自然的挑战是极其严峻的，单一的知识能力结构被证明是不可能应对的。人类进入文明时代，教育从生活的要求中分离出来，形成专门传授知识、培养能力的一种社会机构和社会行为。社会愈发展，社会分工就愈细致，对于人的知识、技能、行为礼仪规范的要求也就愈显得具体、多方面、多层次。尽管有弟子三千、贤人七十二，人人各有所长，但是孔子的培育方式还是采取多学科、多方式的复合传授以达到融合各种能力的要求。中国古代教育无论是私塾还是书院，也都因为学习目的的要求，对于被培育者复合进多种素质能力。即使是科举制度发达的唐代、宋代乃至明清时代，考试的科目是多种多样的，需要多种能力才能应对，因此教育行为也必须随之改变才能适应[3]。

现代教育的育人更是复合型的。举例来说，一个高职院校的学子要上20余门课程，这其实也就是通过各类课程对他复合进20余个不同的知识子系统，由这20余门课程所体现的知识及能力子系统复合成他的完整的、系统的道德结构和智能结构。由此则更鲜明地体现了在人才培养中的复合方式。同时，20余门课程虽然是性质完全不同的课程，是由不同学科的教师来完成教授任务的，但不管他们是否认识到，从学生智能结构和道德结构来说，每一门课程的传授都是在对学生进行着系统地、不断地复合，这样培养的人才也就具有显著的复合性特征。

但是这里所讲的复合育人，与以往在教育行为中自觉不自觉体现出来的复合具有根本的不同。前者体现出来的是育人行为过程的特点，而我们这里所讲的复合育人，则是在当今经济发达地区如长江三角洲地区、珠江三角洲地区以及环渤海区域产业升级迅猛发展，社会进步明显加快，毕业生就业困难度增强而择业的选择性更加突出背景下，高等职业教育应该通过对于课程的结构性调整，加强培养学生对于未来就业市场的适应性，通过双证书、双专业的学习培训，在学生智能结构中复合与未来需求倾向较为适应的因素和能力，使他们在未来的发展竞争中具有有利的地位，同时也为当地社会发展、经济转型升级培养出更多更好的高技能型人才。

复合育人的目标是培养复合型技能人才。所谓复合型人才，指的是能够适应未来社会发展、经济转型升级对于技能型人才需求的创新型、高素质、高技能、可持续发展的综合性人才。关于教育培养的人才适应未来需要问题，正如美国哥伦比亚大学教育学院亨利·M. 列文教授在《教育如何适应未来》中说："即便是有着若干年经验的美国劳工部都很难准确的预测10年内劳动力的需求与就业。"[4]我们能够预测的只是10年内产业发展的一个大的趋势，具体的产业对于人才的确切需求是难于精确预测的，但是我们确切地知道，当前这种技能型人才培养的标准和方式方法，已经不能适应未来的需求和学生个人发展的意愿。这已经被当今企业人才选择的实际行动所证明，也为我们的毕业生的就业稳定度、再次就业度所证明。从这种证明中我们看到了企业对于人才的复合型要求；我们看到了学生对于自身就业的选择性的增强与创业意识的强化，也看到了人往高处走的天然心理要求对于高职人才培养目标的改革、调整的极强的驱动能量。但是我们能够做的，就是如这位教授在他的那篇文章中所引述的学者尼尔森和菲利普斯所说的：“教育对于提高常规工作劳动生产率的方面的作用非常有限，因为常规工作进行改进很有限，但是教育对于那些在技术进步中需要适应变化的工作尤为重要。”[5] 他一再表明“以培养适应性为目的的教育是有作用的”，“相信最重要的是促进工人的适应性，使他们适应更广范围内劳动力中可能的变化市场”[6]。因此，复合型也就成为高职培养适应当前社会和产业发展、未来社会与产业发展需求的人才培养标准。

关于协同育人：何谓协同育人？所谓协同育人，是指按照复合型人才的要求，把国际、国内，校内外的育人资源聚合起来，形成学校的育人资源，通过学校课程、教材和教师的具体育人行为以及学校文化环境的熏陶，转化成学生的素质结构和能力结构的整个过程。

在这里，协同是十分关键的。协同是指在一定目标指引下，各种力量的同心、同向、同力的一致运动。协同既具有整合力量的作用，还具有完善结构、放大功能的作用。随着社会的发展，人们所有创新目标的实现，越来越离不开协同的力量整合方式，这已经为包括我国在内的世界各国重大专项工程的实践所证明。协同育人也需要注重整合各方力量，培育适应社会发展、产业升级的复合型及创新性、高技能、高素质人才。

如复合育人一样，协同也是教育尤其是现代教育的明显特点，或者反过来说，人才培育的过程本质上就是各方力量、各方因素共同作用的过程。纵向看，一个接受现代教育的人从小学、中学、再到大学的各个阶段本身就是一种连续性的协同作用过程；横向看，在不同的特定时期内，一个人接受的教育是通过不同课程、不同教师的传授而实现的，这本质上也是一种协同作用的结果；以更全面的视角来看，一个人的成长还是个人努力、家庭背景、社会环境与学校教育相互作用的过程与结果。因此，我们认为协同现象也是教育的规律性特点。没有协同的教育是不可想象的，没有协同的育人也是不可想象的。

协同尽管体现了教育的一般规律，但是不同的教育类型学校，人才培养的目标是不同的，因而对于教育育人资源的需求也是有着较大差异的。不同的历史时期，不同的产业背景，不同的教育类型高校的育人行为和过程，对于协同的要求也是不一样的。许多时候具有十分明显的区别。作为高等职业技术学院，全球化、信息化时代的来临，时代的发展进步，产业的转型升级，现代产业体系的建设，对于高等职业技术学教育的人才培养提出了诸多新的要求。不正视和回应这些要求，不能采取与时俱进的态度和果断有力的举措，在高等职业教育的人才培养上满足和适应这些要求，高等职业技术教育就会脱离时代、脱离社会、脱离产业的需求，就会走进死胡同。

应该指出的是，我国高职教育以改革开放为宏观背景，以满足产业发展的需求为目标，较之改革开放前，在于社会的联系方面，在对社会开放的程度方面，在办学的理念上，已经发生了巨大变化。但是，由于我国整个高校传统管理体制的影响与制约，也由于社会组织建立后的惯性运行方式，高职院校在内的高等院校的开放程度以及与社会、产业企业的联系仍然是有限的，社会资源整合能力仍然缺乏。一句话，社会联系和参与度不高。高职院校作为社会组织，相对封闭的自循环体系特征仍然未被完全打破。高职院校仍然像一个“相对封闭的城邦体系”，缺乏对于社会和市场经济、产业发展升级的适应性，这种状况必须改变。

教育社会学、组织行为学的研究成果都表明：“组织就其本质来说是保守的，它积极地抵制变革。”原因是社会组织会因“组织和成员抵制变革”而“阻碍了适应性和进步”[7]，“组织的任何一场革新都会遭到组织内部的抵制”[8]。这是因为，组织是一个稳定的运行系统。任何组织建立起来后，就会按照自己固有的运动逻辑去运行，就走向固化、直至僵化。而组织中的绝大多数成员实际上就成为组织稳定运行的既得利益者，任何变革，都可能打破这种既得利益。高等院校更是如此，一所院校的建立，实际上就意味着固化的开始：在这样的社会组织内，专业是固定的；教师的专业知识结构是稳定的；学生的年龄、知识水平是接近的；他们的未来也是按照自选的专业确定的；学校的固定资产更是固定的；学校的运行也是按部就班的。这就不可避免地出现不少教师一个教案可以使用5—10年不加改动的极端状况。如无外力冲击，这个组织就由固化而走向僵化，缺乏创新的意识和能力，也就必然走向衰败，被时代和社会抛弃。

因此，我们这里所讲的协同育人，指的是为适应产业升级转型和未来产业对于人才素质能力的需求，高职院校需要以改革为动力，强化顶层设计，积极调动领导成员、中层干部和广大教师的积极性，化阻力为动力，打破学校围墙的限制，整合国内外、校内外育人资源，共同为培养出适应时代需求的复合型、创新型高技能综合性职业技能人才而努力。从国内资源来说，我们需要“政校行企四方联动，产学研用立体推进”，通过努力，把政府资源、学校资源、行业资源和企业资源整合成为育人资源，扩大和垫高育人平台，并把这些资源转化为育人因素，落实到育人行为过程之中。

从国际资源的整合来说，要利用发达国家先进的教学理念和教学育人资源，来大幅优化提升学校教师的智能结构，使他们真正成为学习型、创新型教师，成为育人的名师。还可以通过学生交换、组织学生国外留学的方式，来提高学生的职业技能水平，扩大国际化视野，培养对多元文化的包容心态，使之更能适应经济全球化、产业国际化和未来的就业需求，也回应学生及家长对于自身成长发展的更高期待。

从校内资源的整合来看，首先需要按照“三育人”思想的要求，强化顶层设计，对于校内组织结构和运行制度机制进行重构。通过机关的重建，使学校的组织运行体系和机制更能够符合“三育人”人才培养目标的职能需求。其次要认真研究学校的专业设置和课程资源的配置问题，使学校各个专业的各类课程设置、学分分布和育人行为都紧紧围绕“三育人”理念来科学配置，循序展开。同时，要高度重视学校育人环境培育的建设，支持、吸引广大学生积极开展校内各类学生社团组织的活动，使学校的每一个地方、学生在校的每一个时间段落都能够潜移默化地产生与人的作用。要积极支持各二级学院（系）、专业积极引进行业和企业资源，与行业、企业共建专业和引进企业师资，充实改善师资结构，还有在课程设置上加强实训的有效性，提高社会实践的针对性。一句话，要把整个社会都视为教学资源和育人资源，把课堂开设在企业，同时，积极推动广大教师走出学校，走进社会、走进企业，提倡终身学习，不断地对于自身固有的知识结构进行完善、修正，吐故纳新，使自己能够站在社会的前列、市场的前列、时代的前列和本专业领域知识的最前沿，并把在社会中学习和企业中学习的新的知识转化为自身的育人行为，体现在自己的育人过程之中。

同时还要指出，“三育人”理论本身是既相互联系、相互制约的整体，其育人过程也有一个协同的问题。从这个意义上说，“三育人”的过程其实也就是以文化为引领、以复合为特点的协同育人的过程。

三

“三育人”育人理论是总结经济发达地区高等职业院校二十余年来育人实践，尤其是深圳职业技术学院二十年来职业技能人才培养的实践经验提出的，是适应未来人才培养需求的完整的育人理论体系，也是一个不容分割的育人体系，是一个有机的整体。认识“三育人”理论必须建立这样的一个整体观念。

在整体观照“三育人”理论时，尤其是在育人的行为过程中，要注意把握以下几个方面。一是视“三育人”为一个整体，不可分割、不可离弃，也不可重此抑彼。当然，在一些特定的时候，可能会强调某个方面多一些，某个方面少一些，但是这不意味着我们的整体认识的改变，而是从育人的实际状况出发所做出的阶段性的、弥补性的调整，目的是指引育人行为达到更为平衡和和谐。二是“三育人”理论体系是相互融合、相互贯通的。在育人的具体实践中，无论是文化育人还是复合育人，或者是协同育人，这里的每一个要求，每一种方式，其实都相互融通、相互渗透的，确实难于割裂。三是“三育人”是完整的系统。文化育人、复合育人、协同育人是这个完整系统中的子系统。三个子系统相互作用、相互协调、相互影响，共同完成育人目标的要求。任何不协调的系统功能的强化，都会对于育人目标形成偏移和干扰，最终将破坏育人目标的达成。四是相互独立。这是指“三育人”整体系统中，每一个子系统都具有相对独立的内涵和特点，都体现了育人行为过程中各组的功能特性，是缺一不可，不可替代的，不可忽视的。在“三育人”的理论构架和育人实践行为过程中，文化育人居于引领地位，他决定着学校育人的方向，也决定着人才培养的道德质量，这是最为基础性的要求。教育界有一句话说，如果我们培养的人才在能力上出了问题，那是生产出次品；而在思想道德上出了问题，就是生产出废品。这句话讲的就是文化在育人中的重要性，我们说文化是根、是魂，就是从这个意义上讲的。复合育人既是指育人的标准，也是讲人才成长的过程和方式、路径。我们讲要培养复合型、创新型高素质高技能人才，讲的是适应社会发展和产业转型升级的人才标准；而在人才培育过程和方式、路径时，我们讲复合育人，则是讲的育人的路径，通过学校的各类教学行为，把社会主流政治道德因素、知识因素、能力因素、情感因素有序地复合为学生的整个智能结构，以适应社会、产业对于职业技能人才的新的要求。协同育人指的是育人资源、育人因素的整合，是在一定育人目标指引下育人力量的作用方式。人才培育从来不是个体的单一行为，而是群体的协作、协同的行为，这是育人行为实施过程的显著特点。

“三育人”理论既是完整的理论体系，也是相互作用、相互制约、相互补充的实践性运行系统工程。“三育人”理论源于高职教育的育人实践，又指导高职教育的育人实践，在育人的实践过程中检验这一理论，高等职业教育的育人实践过程使“三育人”理论之树常青。

在固定的育人时间内和相对稳定的育人环境中，为育人而设置的各类课程（专业课程、拓展课程、思想道德修养课程、人文素质课程、社会实践课程、实训课程等），相对于无限广阔的社会生活和不断变化发展的产业对于人才的需求而言，还是比较有限的。对于人才的成长、发展而言，学校的育人也仅仅是为学生的成才奠定基础。最终的成才之路还很漫长。也可以说，学生的成才之路是从离开学校那一刻才真正开始的，他们将在社会、市场、企业的就业环境中，利用学校教育所提供的道德基础、社会规范和知识技能结构与获取新的知识的能力，去面对更为复杂的环境的检验，而在这个环境中的学生将会面临更大的压力，从而也就会获得更加强劲地获取知识技能的内生动力，加速自身成长的节奏。

“三育人”理论内涵中的各个子系统既是整体的构成部分，也具有各自相对的独立性，但是，无论在理论的构建或者是育人的实践中，他们都统一于育人目标和育人行为过程。舍此他们就不能真正地形成一个整体的合力，就不能和谐有序地在育人的实践过程中各自发挥自己应该发挥的作用。这又是我们必须认识的、在育人行为过程中必须注意加以把握的。

当然就研究而言，确实必须对文化育人、复合育人和协同育人三者进行各自相对独立的研究和论述，才能更加明确他们各自的内涵和各自的特征、特点。不视为整体则相互割裂、相互损害、相互冲突；不独立研究，就不能明了各自的本质属性，从而在实践的顶层设计中迷失方向。因此应该既视为整体又重视各自特有的内涵，注意三者之间的相互联系和相互区别，在育人的顶层设计中精心安排，在育人事件中认真落实、积累经验、注意纠正偏颇，这样就容易形成合力，发挥“三育人”理论对于高等职业院校人才培养工作的指导作用。

四

从上世纪九十年代初期到现在，中国的高等职业教育已经走过了二十余年风风雨雨的历程，积累了丰富的高等职业教育和育人的经验。但是，应该说，中国的高职教育，是在吸收德国、日本、韩国、新加坡、台湾以及香港等国家与地区高职教育的成功经验而发展过来的。一句话，是在借鉴中走过来的。真正中国的高职教育理论体系尚未真正建立起来；尤其是对于高职育人的规律性的认识还很不深入、很不细致、很不系统。同时，由于高职教育就业压力过大，也使高职教育的领导者们忙于应对学生毕业时的就业需求，无力对于高职教育理论做出系统的思考，因此也不能对于中国高职教育的理论体系和育人理论做出深入系统的思考，由此丧失了高职教育的话语权，加剧了高职教育理论缺失的现状，高职教育只能被动地去迎合部分低端企业的现实人才需求，无法按照高职育人规律去培养适应当下和未来社会，适应企业发展和产业升级对于不断变化的人才需求的复合型、创新型高素质高技能的高端人才。

当然中国的高职教育仍然需要不断借鉴先进发达国家和地区的技能人才培养的经验。因为我们直至现在也未能达到他们的人才培养的质量水平，但是，中国的高职教育呼唤中国特色的高职教育理论，中国的高等职业教育的实践确实需要具有中国特色的高职教育理论的引领。实际上也到了应该建立中国特色的高职职业教育理论尤其是高职育人理论的时候了。在这样的实践呼唤中和理论背景下，刘洪一先生提出“三育人”的高职育人理论，并以之成功地指导了深圳职业技术学院的育人实践。这是构建中国特色高职教育理论的成功尝试。刘洪一先生具有长期在高等院校任教并担任重要领导职务的经验，是我国改革开放三十年中三十位有重要理论贡献的教育理论家，又在职业院校中较长时期担任校长职务，又处于我国改革开放前沿的深圳，具有广泛的国际教育视野。以其丰富的高等教育的经验和理论素养，结合中国高职教育的实践，提出“三育人”高职育人理论，我以为这不是理论的自负，而是显示高等教育工作者尤其是高职教育工作者育人理论构建的自觉性和强烈的使命感。从这个角度看，“三育人”理论的提出和成功实践，是时代的需求，具有明显的创新特点，对于中国高等教育理论和高职教育理论体系的构建有着十分重要的意义，同时也有指导高职育人的实践价值。

“三育人”理论还具有文化引领的先进性特点。强调文化育人，既是胡锦涛《在清华大学百年校庆上的讲话》中重点强调的要求，也符合社会发展对于人才（包括技能型人才）的基本要求，更是教育的本质要求。教育的基本要求是要把人培养成为“人”，而不是培养成为没有思想、没有追求、没有遵循的劳动力。教育应该把人之所以为人的一些最为基本的东西，适应社会需要的道德规范、职业精神、行为遵循、文化情怀的培养作为最根本的任务，使被培养者能够更好地融入社会、成为和谐社会所欢迎的人，同时也成为能够适应社会和企业现实及未来需求的人才。因此，“三育人”理论强调文化在育人过程中的引领作用，是回到了教育的本源，体现了适应社会、产业、企业对于人才的最基本要求，是非常必要的，也是非常及时的。

“三育人”理论的提出及其成功实践，既是中国高职教育、育人理论的一次重大的与时俱进，具有适应中国高职教育发展要求的发展性，也体现出以人为本的发展性。在这里所讲的“以人为本”，指的是以学生为本，以学生的发展和成长为本，以培养学生的可持续发展能力、智能结构、创新实践技能迁徙能力为旨归的育人思想。“三育人”理论的提出，一个重要的触发因素，是麦克斯集团对于中国高校尤其是高职学生就业状况的考察得到的真实结论。据该集团的调查结果，中国高校毕业生的就业状况是高职学生明显好于其他本科学生。这说明高职学生更能适应社会和企业对于技能型人才的需求。在这方面，深圳职业技术学院的就业率连续多年都超过98%，在全国高职学校中居于绝对领先的地位。在中国教育电视台和腾讯网联合开展高校就业、创新能力的调查中，深圳职业技术学院均名列前茅。

但是，同样根据麦可斯集团对于全国高职以及深圳职业技术学院学生就业后多年的跟踪调查显示[9]，高职院校毕业生在初次就业半年后，半数学生已经另谋高就，或者开始了自己的创业的旅程；一两年后仍在初次就业岗位上的学生已经寥寥无几。深圳职业技术学院学生就业后的转行现象则更为明显。这些实实在在的数据启人思考。就深圳职业技术学院的学生的状况而言，一是表明深圳职业技术学院的毕业生具有极强的向上发展、追求更高的工资待遇、向往更加远大的前程、追求更加美好的生活的愿望；二是也体现了深职院毕业生具有较强的适应社会选择、适应企业发展和产业升级的能力；三是促使我们反思经过学校三年的专业培养，为何学生面临社会、企业选择时并不是以专业能力致胜，为何许多学生并未从事自己的专业。四是让我们更进一步去思考，我们的学生是依靠什么样的素质去适应社会的选择。答案只有一个，就是深圳职业技术学院比较早地整合、调整了自己的专业结构，注重以专业群的课程结构开发学生一专多能的智能结构；开设了拓展性课程，以增强学生对于未来社会需求的适应性；注重实训、企业实习对于动手技能的培养；注重社会实践活动的积极参与，培养学生融入社会的能力；改革了自己的育人模式，注重对于学生适应能力和文化道德素养的培养；注重对于学生创新意识的培养。一句话，是"三育人"理论的成功实践，是以人为本的教育思想发挥了关键性作用。

"三育人"理论的重大价值还在于对于高职人才培养的规律性的探索和揭示。教育是有规律的，育人有着自己的规律，人的成才也有着自身特有的规律。只有认识规律，按照育人规律与人的成长规律去开展育人工作，才能收到事半功倍的效果。但是，二十余年来，对于中国高职教育的育人规律是什么，有些什么样的特点，确实甚少研究探索。

"三育人"理论正是依据高职教育的丰富实践基础，探索和把握了高职教育育人规律，揭示出育人过程文化的引领作用和人才智能结构、情感结构的复合形态以及育人资源、育人因素的整合方向，为形成育人合力指明了方向。同时，这一理论还把握住了文化育人、复合育人和协同育人之间的联系和运行方式，为继续探讨研究高职育人的规律奠定了坚实的基础。"三育人"理论对于高职教育乃至高等教育人才培养规律的探索与把握，对于具有中国特色的高等教育尤其是高职教育理论的构建，对于高职人才培养的实践指导，无疑具有极其重要的贡献。

参考文献

[1] 张岱年，方克立. 中国文化概论［M］. 北京：北京师范大学出版社，2004：3.

[2] 中共中央关于培育和践行社会主义核心价值观的意见［M］. 北京：人民出版社，2013：4.

[3] 陈青之. 中国教育史［M］. 北京：东方出版社，2008：33—446.

[4] 李定开，谭佛佑. 中国教育史［M］. 四川：四川民族出版社，1990：2.

［5］［6］［7］亨利·M. 列文. 教育如何适应未来［J］. 新华文摘，2013.（4）：137—140.

［8］斯蒂芬·P. 罗宾斯. 组织行为学［M］. 北京：中国人民大学出版社，2005：609.

［9］马和民. 新编教育社会学［M］. 上海：华东师范大学出版社，2006：268.

高职教育协同育人的几个基本问题

张效民

摘要： 高职教育协同育人的基本问题包含内部问题和外部问题。就高职院校内部来说，是对于协同创新目的、资源来源、转化和依靠什么的认识问题。本文认为，高职教育协同创新的根本目的是培育高素质的技能型人才，政府、行业（社会组织）、高职院校和企业在育人过程中都具有重要作用，尤其是企业作为高职院校育人所缺乏的创新资源拥有者，其作用至关重要。但是育人的具体过程中，高职院校作为具体实施者，具有关键性的主体地位。教师和学生在协同育人过程中，也都有着不可替代的作用。关键在于学校要把来自各方的物质、精神资源转化为育人资源，贯穿于育人行为的全过程。

关键词： 高职　协同育人　师生　根本目的　作用

作者简介： 张效民，深圳市政协副主席、深圳职业技术学院副院长。

什么是高职教育产教融合、协同创新的基本问题？简单地说，包含内部问题和外部问题。我认为，在学校内部，就是对于协同创新目的的认识问题以及高职院校本身（即干部队伍、教师队伍和广大学生）对于高职院校发展和人才培养的认识问题，或者也可以说是学校和教师对于教师、学生在协同育人过程中的地位、作用的认识问题。

一、高职院校协同创新的目的是什么

由于国家的推动，近年来协同创新成了一大热门。但就高职院校来说，在认识上也容易产生偏差。一是把高职教育的协同创新理解为搞科研，出成果。因此各校纷纷忙于申报项目，甚至找关系争项目。二是把高职教育协同创新视为争取经费的一种方式。三是把高职教育协同创新理解为建立新的科研机构。许多高职院校成立的所谓协同创新中心，实际上就是一个新的科研机构。以这个机构的名义去拿项目，获取科研经费。

这些认识是错误的。之所以错误，原因在于丢掉了高职院校培养技能人才的根本办学目标，混淆了高职院校作为高等教育一个类型和普通高校类型的本质区别。

诚然，普通高校也要育人，但是与高职教育的育人相比，高职教育的根本任务在于培养适应社会和企业需要的高素质的一线技能型人才。因此，高职教育的协同创新，也必须落实到高素质一线技能型人才的培养上来。说得更加具体一些，就是通过整合政府、学校、行业、企业有效资源，转化为高职教育的育人因素为培养适应社会和企业需求的高素质、技能型人才提供不竭的资源和动力源泉。

高职教育、高职院校的教师当然也需要从事科研工作，但是总体上说，他们从事科研，应该服务于高素质的技能型人才的培养。从事高职教育的教师通过自己的科研实践，进一步了解高职学生的心理素质状况，更有针对性、更有效地开展教书育人工作，解决学生的心理问题、认识问题，使我们的育人活动符合育人的目标要求。高职教育更加要求培养学生的动手能力和实践能力，因此，这类科研必然是应用型的、师生共同参与的科研活动。其根本的着眼点在于育人而不是其它。其实，十八届三中全会《关于全面深化改革若干重大问题的决定》提出“加快现代职业教育体系建设，深化产教融合、校企合作，培养高素质劳动者和技能型人才”，着眼点也正是在于人才的培养，这是高职教育和高职院校责任的本质要求，高职院校的从业者们应该牢牢记住。

二、高职院校能否协同育人

现在提出协同育人，一些高职院校的教师感到困惑，感到不知如何着手。这里，需要搞清楚协同的基本概念。何为协同？协同是指按照一定的目的要求，各种不同资源系统力量同向聚合的过程。现代社会由于分工的细化、科学技术的发达以及行业和专业的系统化，要完成一个重大的科研项目或者其他重大任务，必须以大规模协同的方式来整合力量，形成合力，才能达成目标任务。如果用到高职教育上来说，就是要整合各方力量，发掘新的教育资源，形成育人合力，共同完成培养高素质一线技能型人才的任务。由此说来，应该承认，现代教育的育人方式，其实也都离不开协同。作为培育现代人才的组织机构的高校是一个组织化程度很高的集团，这个集团的内部系统，如管理系统、教学系统、安全系统、后勤保障系统的运行，其实就是协同育人的实践活动。在高职院校内部，也都是为了育人而协同运转的。如学校课程体系，培养学生的素质是由多位教师通过多种学科的教学和实习来完成的。这个协同的过程最终体现在学生身上，就是一批又一批合格的高校毕业生的持续产生。

现在的问题是，既然既往高职院校的育人活动都属于协同育人，那我们今天又为何再次提出协同育人来？难道这只是一个新的口号？只是一场司空见惯的作秀？

事情并非如此。应该看到，尽管此前我们的高职育人活动也是协同完成的，但是由于各种原因，此前高职院校仍然处于比较封闭的状态——自外于社会和企业。按照组织行为学的理论，一个组织自其建立的那天起，就开始走向固化，最终必然走向僵化。就高校而言，学校是固化的实在物；设备设施不可能经常变化；作为最具有活力的人——高职学院的教师也是基本固定的，专业知识是固定的，知识结构是稳定的；教学的内容也是基本稳定；如果教师不能成为学习型教师，不断充实新知，那教师的专业知识结构、教学模式、教学方法也就相对固化，基于以上原因，学校的专业也就相对稳定，如此，这所高职院校就不可避免地走向僵化，从而脱离社会的需要，如不改变，最终必将为社会所淘汰。在这样一个组织形态中，即使我们的育人行为是协同的，但是由于封闭、僵化，资源必然陈旧、缺乏；教师由于惰性必然怯于创新，这种协同育人就是不自觉的、低层次的、低水平的，培育出来的学生必然不能适应社会和企业的需要。由此观之，我们今天所提出的协同育人，不是在高职院校内部整合资源，而是打破围墙，与社会协同，与企业协同，甚至于通过与国外大学的合作，实现国际间教育与人的协同。通过这种大范围、高层次的协同育人的实践，打破现有高职院校封闭、僵化的现状，开阔视野，激发活力，勇于创新，整合、汲取更加广泛和更加优质的教育资源来培养适应社会需要的高素质技能型人才。这是建设高水平高职院校的必由之路，高职院校的领导和教师必须充分认识这一问题的重要性，才能获取主动，占得先机，使高职院校适应社会和企业对于人才的新需求和高职改革的新形势，立于不败之地。

三、高职教育协同育人的主体是谁

高职教育协同育人牵涉到的方面很多，深圳职业技术学院提出过“政校行企”“产学研用”几个方面，但还需要进一步研究这些方面各自的特点，研究其资源供给的方式，才能明确高职院校如何获取各方资源、用好各方资源。

“政”是泛指，指的是党政机关，实际上指的是权力部门，也包含人大在内。“政”所指代的部门，掌握着立法权、行政权、人事权以及资源配置权，既是政府办高职院校的出资者，也是各种资源的支配者，即使政府机关改革，权力下放，简政放权，也仍然掌握着巨大的不可替代的资源。获取“政”的支持，加大的高职教育的投入，以立法和政策的制定，为高职教育的发展创造良好政策环境和社会环境，是至关重要的。应该说，这些年随着改革的深入，经济的发展，政府对于高职教育的重视程度已经前所未有。很多地方的政府加大对于包括高职在内的职业教育的投入，力度空前。但是也应该看到，政府对于高职教育的放权也还是很不够的。办好高职，没钱是万万不能的，但是光钱也不能解决所有问题，还存在对于办学主体的“松绑”问题。要激发高职院校内部活力，必须给高职院校足够的办学自主权。政府对于高职院校的体制机制改革负有重大责任。

“校”，当然是指学校。高职院校本身在协同育人过程中，是具体教学育人活动的相对独立的组织者、管理者、实施者。一所高职院校办得如何，学校领导者的办学理念、办学思想、办学思路、办学策略将引领着学校的改革发展，决定了学校办学质量水平的高下。在协同育人新的语境下，高职院校面临的最大问题有二，一是如何引进与整合新的、巨量的教学育人资源；二是如何克服校内各方阻力（主要是思维惯性、恐惧心理、适应抗拒、利益调整、专业懈怠、体制障碍等等），改革传统习惯思维模式和教学模式，将新颖、充满活力的育人资源加以转化，让学生可以吸收，从而纳入自身智能结构构建之中？从各高职院校近年来在协同育人方面的实践来看，不是高职院校愿否、能否担当协同育人的职责的问题，而是大势所趋，不得不为，而且也是可以大有作为的。这是关系到协同育人最终成果质量的大问题，也是关系到高职院校当下甚至是未来竞争力的大问题。对此，高职院校必须高度重视，深入研究，解放思想，克服阻力，大力促进，才能适应新的环境形势对于高职人才培养的新要求，高职院校也才能够在新一轮高校改革中获得更好的发展。

“行”是指行业组织，现在各行业都建立行业协会，属于社会组织。改革开放以来，党和政府对行业组织非常重视，并把建设和加强行业组织作为国家社会治理改革的重大举措。行业协会是相同产业相近产业、行业的代表者，如安防协会、电子协会、律师协会。有的协会还是规模相近、诉求相同的企业的组织，如中小企业促进会。行业组织是行业或者的代表，他们代表企业的利益和诉求，是沟通政府、社会的桥梁，也是企业自身行为的规范者、引领者。行业协会可以代表行业向高职院校提出人才需求，提供专业资源，帮助高职院校优化专业设置与改造完善，还可以提供相关专业、行业的师资力量，弥补高职院校新开专业教育教学资源的不足。

“企”是指企业。企业是人才的需求者，尽管政府部门、行业协会等社会组织也需要高职人才，但是企业确实是人才需求量最大的所在。尤其对于高职院校而言，一线技能型人才的出路，绝大多数在企业。同时，企业也是人才培养目标的引领者。对于高职院校来说，企业需要的人才就是高职院校人才培养的方向。我们经常讲高职人才培养要适应社会和企业的需要，但是如果不能非常清晰地认识到企业所需人才的特定的特质，又怎样去培养出合格的高素质、高技能的技能型人才呢？因此，高职院校需要深入研究企业人才需求的具体规格问题。同时，企业要主动为高职院校的人才培养提供方向性指引，提供高职院校人才培养所欠缺的教育教学资源，甚至应该直接参与高职院校人才培养标准的制定，专业设置、课程计划的论证，参与到高职院校的人才培养的整个过程。这样培养出来的人才才能真正适应社会和企业的需求。

经过上述分析，可以看出，政府、学校、行业、企业在整个高职育人活动中，都发挥着各自的功能，都会产生这样或者那样的影响。但是仔细研究，从理论和实践的两个层面上讲，政府是高职院校办学的出资者、管理者和育人方针的制定者，育人法律规章的制定者、督促者和强力的评价者，一句话，政府是高职院校办学行政性资源，或者说是公共资源的供给者，政府决定着高职院校的办学性质和学生培育的特殊的规定性。

企业作为高职人才的使用者、评价者，对于高职院校的育人规格质量具有明显的引领作用。是他们对于人才的需求和对于人才规格质量的要求，引领着高职院校育人行为的方向，决定着高职学生的就业状况。他们既可以提供高职院校育人所缺乏的企业文化资源和对口的物质资源，也是高职院校学生就业的目的地，他们直接参与高职院校的办学过程，对于高职院校现阶段的改革和长远质量的可持续提高，都具有不可取代的作用。可以说，引进企业资源直接参与高职院校的办学过程，决定着我国高职院校改革的成败。行业协会是联系企业的桥梁和纽带，他们作为企业自我规范的组织，又有对于企业的广泛联系，高职院校加强与行业组织的联系，意义是不言而喻的。社会组织在我国是一个新生事物。社会组织所代表的是一大批新的行业和新的代表性人士。高职院校人才培养要适应社会发展的新趋势、新要求，要为在改革开放后尤其是最近几年发展起来的新行业、新业态培养人才。所缺乏的正是此类资源。因此要高度重视和各类相关社会组织的联系，要把他们所代表的新的育人资源引入高职院校的育人之中，弥补自身不足，充实更新育人资源。只有这样，高职院校才能走在时代和企业需求的前列，抢占高职院校育人的制高点。

但应该看到，高职院校作为技能型人才的直接培育者，作为协同育人新的育人模式的实施者，对于育人的质量内涵具有决定性的作用。按照传统理念，高职院校是职业技能人才培养的主体，如果不能将这些来自各方的资源整合成同一方向的育人过程，那就可能形成学校和社会各方面的隔离，形成脱离社会、脱离产业和企业的状况。如此则无论如何也是不可能完成高素质技能人才培养的任务的，也就不能使高职教育真正适应社会和企业发展的需要，政府的育人要求也不可能达到。因此，在新的历史条件下，高职院校应该向企业和社会组织让渡部分育人的主体地位，积极引进企业和社会资源，甚至直接将企业的人才培育与高职院校的育人融合起来，形成新的育人合力。如此才能大量引进高职院校所缺乏的育人新资源，改变传统高职院校在技能型人才培育中的被动和消极应对的地位，完成自己培育高素质技能型人才的历史使命。在这种背景下，如果要问育人主体的问题，我主张，应该实行学校和企业都是育人主体的双主体制度。

四、高职院校教师在协同创新育人中究竟发挥何种作用？怎样发挥作用

教书育人是教师的神圣职责，教师的天职就是向学生传播知识、提高其综合素质，把学生培养成对于社会的有用之才。对于高职院校教师而言，就是要使自己的教学行为为培养适应社会和企业需要的人才服务。这一点是毫无疑义的。

我们知道，在育人的实践活动中，教师具有十分重要的地位，具有关键性作用。之所以关键，是因为各类课程所包含的育人的资源，必须通过教师的教育教学实践活动这个育人的必须过程转化成为学生的职能结构和综合素质。教育教学的效果如何，决定了学生的接受程度，可以说，育人的效果取决于教师教育教学效果。而育人效果的取得，往往取决于教师自身的教学育人水平，取决于教育教学方法提高，一句话，取决于教师自身各方面的努力。因此我们可以说，教师在高职院校的人才培育中具有决定性影响。古人说，名师出高徒，正是师生关系的准确的总结。

协同育人作为高职院校育人的创新模式，在育人过程中能否取得成功，在多大程度上取得成功，仍然取决于全体教师在协同育人全过程中作用的发挥，在相当程度上取决于教师的积极性、主动性的发挥状态和程度。我们知道，教师的全部育人活动，实际上属于个体劳动，而个体劳动是很难量化评估的。这也给学校对于教师劳动成果的评估认定带来困难，实际上也给一些教师懈怠工作提供了看似合理的借口。

从当前高职院校教师对于产教融合、协同育人的认识来看，也存在着诸多令人担忧的问题。首先是惰性问题。长期养尊处优的校园生活，简单纯熟的教学方式，已经在相当程度上消解了高职院校教师创新改革的热情。他们习惯于按部就班上课，以为这就是教书育人，对于学校任何创新要求，他们既不能适应，也不愿意主动去适应，因而采取拖延、抗拒或者阳奉阴违的方法来应付。其次是对于社会、产业和企业对于学校产学合作、协同育人要求的不能适应。长期学校围墙之内的惯性生活，使一些高职院校教师实际上失去了融入社会的能力和自信。他们充满对于社会生活的恐惧，充满对于参与企业、行业活动的畏难情绪。在具体表现形式上或者是拒绝走出校门，拒绝

与社会企业打交道，更难于与企业合作；或者是对于与企业合作的不屑一顾，以之来掩饰对于产学融合、合作的内在恐惧与畏难。再次是对学校改革创新所带来的利益调整的抗拒行为。所以，协同育人首先作为一种高职育人理念，需要以强力改革，打破教师中存在的不思进取、懈怠松散甚至抗拒改革的精神状态，激发其创新发展的活力，使全体教师形成共识，激发广大教师践行新的育人模式的高度热情，才能把协同育人的阻力降到最低，把协同育人新模式的优势真正发挥出来。

这里想讲讲作为教师之教师的校长队伍建设问题。一个好校长就是一所好学校，这个观点也适合与高职院校。校长作为一校之长，负有引领学校改革发展，促进教师专业成长，培养高素质技能型人才的首要、重大责任。校长及其带领大领导班子的文化力、思想力、创新力、领导力、执行力水平，决定了这所学校改革创新的力度和办学水平，也决定了这所学校人才培养的质量。同样，校长在产教融合、协同创新育人过程中具有决定性的影响。因此，高职院校必须选任具有强烈改革意识和责任感、具有较强的综合领导能力和执行能力的同志担任校长职务。这样的校长必须具有先进的育人理念，必须具有远大的理想，办好高职教育、培养社会和产业需要的技能型人才的强烈的事业心、责任感，必须具有协调各方的能力水平。这些年来，深圳职业技术学院刘洪一校长提出，“以强烈的文化自觉，推进文化育人；以强烈的教育自觉推进复合育人；以强烈的创新自觉推进协同育人”，并在深圳职业技术学院的育人活动中大力加以推进落实，我认为就体现了一个高水平高职院校校长的能力。我国高职院校还有大批这样的校长，确实令人欣慰。但是也要看到，还是有些校长的改革创新意识比较欠缺。校长班子中一些人的创新意识缺失，执行力不强的问题也有存在，这是应该引起高度重视的。

五、学生在高职院校协同育人中居于何种地位

在高职教育中，有一个经常被人忽视的问题，就是高职院校学生在协同育人中的地位问题。

我们知道，多年来教育界曾经对于教育主体问题产生过激烈的论争。争论的焦点实际上在于：在教育教学活动中，究竟是教师为主体还是学生为主体？换言之，就是在学生的成长过程中，究竟是教师还是学生居于主导地位？

在我看来，这种争论实际上很难得出一个大家都能接受的结论。因为，不同阶段的教育、不同类型的教育情况是很不相同的，一个教师不可能经历学生自幼儿园教育到大学教育、研究生教育的全过程；同样在学生的整个成长过程中也不可能只经历一个老师或者一批教师的教育。

现在我们把问题集中在高职教育阶段，问题就是：在高职教育三年的过程中，学生居于何种地位？学生在协同育人中是一个被动的被塑造者，还是一个主动的参与者？要回答这个问题，首先需要对这个年龄段学生所处的社会、经济环境和他们整体的心理、生理状况和社会生活经验做出一个准确判断，才能更有针对性的调整培育内涵、采取育人措施，达到育人目的。

现在高职院校的学生，正处于走向成熟青年阶段的过渡期，处于生理相对成熟而心智尚需进一步健全的关键时期；这些学生出生于改革开放的社会背景之下，家庭环境相对较好，对于个人具有更多的期待，因而对于成为高职院校学生产生抵触情绪和自卑感；他们生活与网络时代，大量的网上信息、社会信息时刻在冲击着他们的心灵，而他们对于这如海洋般汹涌而来信息又缺乏理性的判断能力；他们具有较强的自我意识，对于家庭和学校的教育往往具有较为突出的逆反心理等等。高职院校的育人对象出现这些新的特点，也就是高职院校育人过程不得不面对的新情况、新问题、新要求。要把这个人群培养成高素质的技能型人才和劳动者，必须要在深刻认识他们特点前提下，提出新思路，拿出新办法，推出新举措，实施新模式，才能把他们真正培养成才。

我们知道，育人过程，其实是多种育人因素综合作用的过程。所谓多种育人因素，大致说来，也就是外在因素和内在因素。作为被培养对象的学生个体以外的所有育人资源、因素都是外部因素；学生自身的因素，如学习的积极性、主动性、努力程度、个人悟性等等都属于内在因素。一般而言，只有内外部因素形成同向合力，才能达到预期的目标。从被培养对象角度看，学生的成才过程实际上是伴随着培养对象生理成长发育过程的知识和能力构建的过程。人才培养，就是人在外在因素的帮助下的知识谱系、道德素养和能力系统持续构建的过程。在这个过程中，外因是变化发展的条件，内因是变化发展的依据。因此，作为培养养着的学生在这个过程中具有主体性的地位。尽管教师的作用不可或缺，他们可以传道授业解惑，但是不能代替学生自己学习的过程。但是学生作为人才培养的对象，他们自身的努力是决定性的。高职院校培养高素质技能型人才和劳动者也一定要遵循这样个带有规律性的认识。

从育人的实践过程上来讲，我认为，高职院校人才培育在尊重学生主体性地位，坚持以学生为本，以学生的成长发展为本的前提下，要采取一切措施，激发学生的自主学习、主动学习、刻苦钻研的兴趣和积极性。兴趣是最好的老师，自主性、主动性、积极性是学生成长成才的不竭动力。至于如何去激发学生的学习兴趣，如何调动其学习的主动性积极性，那就是另一个课题的研究任务了。

综上所述，我认为，高职院校一定要牢牢把握高素质技能型人才和劳动者培养的大方向，一定要坚定高素质技能型人才和劳动者培养的信心，积极主动整合来自社会各方资源，并转化为高职教育的育人因素；一定要以改革的力量激发广大教师协同育人的积极性和学生自主成长的兴趣和自我成长的主动性、积极性，才能可持续地培养出一代又一代适应社会和企业需要的高素质劳动者和技能型人才；才能真正把高职院校办出特色、办出水平，完成高职院校育人的重大历史责任。

高职教育产学研用协同育人的理念与实践

李建求　卿中全

摘要：产学研用协同育人是“合作教育”在内涵上的进一步拓展。本文认为，高职教育要适应现代产业的转型升级和经济发展方式的转变，必须进行人才培养模式的深刻变革，走产学研用协同育人之路。本文阐述了产学研用协同育人的理念及其内涵，并就高职院校如何开展产学研用协同育人从制度、平台、路径、文化等方面提出了对策建议。

关键词：产学研用　协同育人　高职教育　理念　实践

作者简介：李建求，深圳职业技术学院产学研用促进处处长、研究员；卿中全，深圳职业技术学院教务处副研究员。

项目资助：本文是广东省哲学社会科学“十二五”规划2012年度学科共建项目“高职院校产学研用协同育人的实证研究”（项目编号：GD12XJY11）的阶段性研究成果。

教育起源于人类生产劳动和社会生活经验的传授，人类最初的教育主要就是职业教育性质的教育。现代意义上的职业教育是工业化和教育民主化发展的产物，正规的学校职业教育最初产生于18世纪较早发生工业革命的欧洲国家，进而推行于美国和工业化进程起步较晚的亚洲。职业教育关乎“国计民生”，不仅具有推动经济发展、促进就业、推进社会和谐进步、建设人力资源强国的工具主义价值，还体现为面向人人、面向社会、改善民生、满足人的自由充分发展和主体性需要的人本主义精神。职业教育作为一种教育类型与社会经济发展和产业技术进步息息相关、互为表里，其“多主体”“跨界性”的特征具有开展产学研用协同育人的先天优势。经过20多年的发展，我国高职教育已经形成了以服务为宗旨、以社会需求为导向的办学理念，形成了产教融合、校企合作、工学结合的人才培养模式和“政校行企联动”“产学研用推进”的运行机制，走出了一条有中国特色的产学研用结合的发展道路。高职教育要实现内涵式发展和提高人才培养质量必须系统推进产学研用协同育人。

一、产学研用协同育人的内涵

“产学研用协同育人”属于“合作教育”的范畴。合作教育是外来名词 Cooperative Education 的中文直译，一般认为它是一种把学生的课堂学习与有收入的、有计划的和有指导的实际工作经历结合起来的一种教育模式，并且这种实际工作经历是与学生的学业目标和职业目标相联系的。在我国经济社会发展的不同历史时期，合作教育有不同的表述。1996 年以前，Cooperative Education 意为“产学合作教育”，指学校和用人单位合作培养学生；1997 年后，为了突出科技发展的时代特征，同时与我国教学、科研、生产劳动相结合的习惯提法一致，Cooperative Education 表述为“产学研合作教育”[1]；2009 年以来，随着“产学研用协同创新”被确立为国家战略（2009 年 3 月《国务院关于发挥科技支撑作用促进经济平稳较快发展的意见》中提出要促进“产学研用”相结合，2011 年 4 月胡锦涛总书记在庆祝清华大学建校 100 周年大会上的讲话中提出要积极推动“产学研用协同创新”，2012 年 3 月教育部财政部启动“2011 计划”），Cooperative Education 被越来越多的人认为应表述为“产学研用协同育人”。这三种表述的名词有一定差别但本质一致且内涵在不断丰富。

“产学研用协同”是生产、教学、科研、应用的系统合作。从育人角度来讲，它是充分利用学校与企业、科研单位等多种不同教学环境和教学资源以及在人才培养方面的各自优势，把学校教育与直接获取实际经验、实践能力为主的生产与科研实践有机结合的教育形式。

“产学研合作教育”与“产学研结合”，它们既紧密联系又有区别。一般来说，产学研结合指的是 1992 年原国家经贸委、国家教委和中国科学院提出的产学研工程，其重点在于科技项目的研发和成果的推广，而产学研合作教育的重点是培养人才。也可以说，产学研合作教育是产学研结合的一种重要模式和高级形式。中国特色的产学研结合先后经历了从“产学研联合”到“产学研结合”，再到“产学研用紧密结合”的三个发展阶段[2]。“产学研结合”和“产学研用结合”虽然只有一字之差，但后者进一步强调了“应用”。“应用”有两层涵义，一是指科技成果只有通过应用才能转化为现实生产力，这是产学研用协同创新所强调的；二是指人才培养必须以市场和社会需求为导向，这是产学研用协同育人的重要意义所在。我国高职教育一度只提“产学合作”，忽视“研”的意义，更不谈“用”，这是有失偏颇的。

二、协同育人的多维视角

1. 教育的视角

教育是一个历史和发展的概念，其本源是职业教育。在远古时期，人类最初的教育主要就是职业教育性质的教育，职业教育即是我们现在所理解的教育的源头[3]。那时的教育是与生产过程合二为一的，形成了一种“子就父学、言传身教”的教育模式，边从事劳动边接受技艺教育，教育贯穿于生产的全过程，技艺、规范与职业道德教育融为一体。后来，随着社会生产力的发展和阶级的分化，一方面，教育成为统治阶级教化的工具，正规学校教育成了统治阶级的特权，培养具有哲学家的头脑、雄辩的口才和治理之术的统治者成为学校教育人才培养的主要目标，从而导致了脑体分离、学校教育与生产实践脱节；另一方面，随着社会化大生产和生产分工的出现，职业教育也逐渐从生产实践和行业企业中分离出来，走上了专业化发展道路。工业革命后，人民对教育的生产力本质即教育培养的人才和创造的科技知识，及其对社会生产力的巨大作用有了更深的认识，作为体现教育的生产力本质，促成知识向生产力转化的产学合作方式也被得到重视并逐渐发展起来。马克思提出关于人的全面发展的观点以后，一种强调学习和生产实践相结合的新的人才培养观开始逐步形成。马克思指出：“未来教育对所有已满一定年龄的儿童来说，就是生产劳动同智育和体育相结合，它不仅是提高社会生产的一种方法，而且是造就全面发展的人的唯一方法。”[4]

产学研合作教育的兴起还深受实用主义教育思想的影响。工业革命前的古典大学尊崇游离于社会生活之外的理性主义教育，教育力求避免政治和市场的影响而游于社会生活之外，纯粹为学术而学术。工业革命后，实用的自然科学进入大学课堂并逐渐占据统治地位，以杜威为代表的实用主义教育把教育或者知识看成一种达到个人生活和社会发展的世俗功利需要的工具。受这一思想的影响，产学研合作随之发展起来。产学研合作从追求教育的实用功利目的出发，强调通过教育界与产业界的合作，促进产业部门的技术创新和改造，提高产业劳动者的科学文化水平和专业技能素质，使教育为社会经济发展和产业升级服务。产学研合作把科学知识和生产实践最大程度地紧密结台起来，使教育成为物质财富的创造源泉，成为实现个人美好生活和社会进步的有力支撑，而不仅仅是供少数人玩赏的“教育花瓶”，并以此作为评判教育成功与否的唯一准则[5]。

2. 经济与社会发展的视角

马克思依据对资本主义生产特点的分析，论证了教育与生产劳动相结合是大工业发展的必然趋势，是社会生产力发展的客观要求，从而为产学研合作教育奠定了“教育与生产劳动相结合”这一坚实的理论基础。而随着科学技术的发展，生产劳动逐渐变成科学劳动，科学技术广泛应用到生产领域。尤其是在21世纪，随着全球经济一体化和大科学时代的到来，学科交叉和技术融合加快，新一轮科技革命正在兴起，科学研究、技术创新、产业发展一体化发展趋势更加明显。建立在知识的生产、处理、传播和运用上的知识经济，使知识成为生产要素中最能起决定作用的因素，从而使教育成为经济社会发展的中心。

同时，“人力资本理论”对产业发展和教育体系产生的广泛而深刻的影响，使得产业和教育部门作出产学研合作教育这一内在选择。人力资本理论认为，企业发展的决定性因素是知识和人才，而不是物质和资本，于是产业界纷纷以无偿捐赠、设立奖学金、委托培养、科技招标等方式与大学开展合作，甚至直接参与学校的内部管理，共同开发高技术和培养高素质的人才。对教育部门而言，人力资本理论把教育从神圣的殿堂拉回到尘世，从奢侈的消费变成有利可图的投资，从政府的怀抱抛向社会大市场，导致了教育的观念、目标、结构、内容、方法、技术、管理体制以及终身教育、学习化社会、教育的产业化、教育的大众化等等一系列全面而深刻的变革，促使教育部门希望和产业部门合作，通过合作打破教育内部的垄断与封闭，提高教育运行的质量与效益，在服务社会中形成自我约束、自我发展的良性运行机制[6]。

3. 协同论的视角

协同论（synergetics）亦称协同学、协和学，是系统科学的重要分支理论，主要研究系统从无序到有序的转变机制，由德国物理学家哈肯（Hermann Haken）于1976年创立。协同论认为，千差万别的自然系统或社会系统均存在协同作用，大量子系统相互作用可以产生“1+1>2”的协同效应。协同论还认为，系统只有与外界通过不断的物质、信息和能量交流，才能维持其生命，使系统向有序化方向发展，否则系统就会处于孤立或封闭状态，呈现出一片“死寂”的景象[7]。有学者分析了协同论的哲学基础，认为协同论的精髓在于[8]：一是协同论强调系统内部各个要素之间的差异与协同，系统诸多要素之间支配与从属、催化与被催化、策动与响应、施控与被控等多种矛盾推动了系统从原结构水平向新结构水平进化和发展；二是协同论强调差异与协同的辩证统一要达到的整体效应，即系统诸多要素对系统整体的作用不是完全独立而是相互联系、彼此作用的，从而表现为一种整体行为。

准确理解协同论的内涵，需要把握以下几个要点[9]：（1）目标一致。系统之所以能够有效运行，是因为系统要素有一致的目标。（2）资源共享。系统内部各子系统在不同环节、不同阶段和不同领域共同利用统一资源。（3）有机整合。系统内部各要素是一个有机的集合而不是简单叠加。（4）有序运行。原本无序杂乱的要素在系统内经过整合，变得有序。（5）动态生存。系统的生命力源于系统要素的动态协同，只有不断运行和调整，系统才会有整体效应产生。协同论是现代系统思想的发展，虽然它起源于自然科学，但具有广泛的适用性和普适性，广泛应用于物理学、化学、生物学、天文学、经济学、社会学、教育学、管理学等领域，为高职教育如何实现产、学、研、用各方的协同提供了新的思路。

三、高职教育与协同育人

在国外发达国家和地区，19世纪初期英国“三明治”教育（sandwich program）开始发展壮大，大多采取在课堂和生产场地交替穿插进行的模式。19世纪末德国开创了“双元制”职业教育模式，学生以学年或月为单位，在学校学习和工厂生产工作之间交替。20世纪初美国职业教育也采用了类似工学结合的“合作教育”模式。二战以后，日本向美国学习，建立起“官产学合作”育人模式，由官产学发挥各自优势，提升科研成效，为社会培养实用人才。澳大利亚TAFE（Technical and Further Education）至今已有100多年的历史，它建立在明确的行业或企业职位需求之上，以就业为导向，以职业教育和培训为主。台湾由“建教合作”发展而来的“产学合作”是台湾技职教育的重要政策，并在台湾科技大学等6所高校设立区域产学合作中心，专门负责产学合作事宜。

发达国家和地区的产学研用协同育人有以下几个对我们颇具启发和借鉴意义的特点[10]：(1) 注重立法，保证各方参与者承担完成自己相应的责任和义务。(2) 完善行业、企业等社会力量深度参与职业教育的体制机制，为协同育人提供制度保障。(3) 设立专门管理机构，为协同育人提供组织保障。(4) 注重政府协调引导职能，政府出面强化教育与政府、企业的合作。(5) 注重中介服务体系建设，提高校企合作的机率和成效。

我国高职教育经过20多年的发展，初步形成了以服务为宗旨、以就业为导向、走产学研结合发展道路的办学方针，明确了培养生产、建设、服务、管理第一线的高端技能型专门人才的培养目标和“四个合作”（合作办学、合作育人、合作就业、合作发展）的主线[11]，广大高职院校积极探索形成了产教融合、校企合作、工学结合的协同育人模式，如订单式模式、顶岗实习模式（也称“2+1”模式）、校企共建实体型模式、“前校后厂”模式等等几种具有典型意义的协同育人模式。这些丰富多彩的实践探索，对于推进和完善产学研用协同育人具有积极作用，但还存在两个比较突出的问题：一是形式大于内容，行业企业实质性地介入专业建设、课程开发、参与教学等环节的程度远远不够；二是忽视“研”和“用”，不仅面向行业企业的应用研究成果较少，而且将研究成果转化为教学内容渗透到课堂的就更少，科研为教学服务、教学与科研相互促进的良性互动局面没有形成。

一直以来，我国职业教育界、理论界从不同层面和不同角度对高职教育的本质特征有不同解读。我们认为，囿于传统的“高校”视界还不足以认识高职教育的独特文化，只有跨越高校、政府、行业和企业等不同领域，才能抓住高职教育的本质和特色。有学者认为，高职教育的本质特征在于它的跨界性，它跨越了企业和学校的疆域，跨越了工作和学习的界限[12]；高职教育是一个开放的教育体系，政府、学校、企业、行业是其中的四个相关体，生产、教学、创新研发、应用服务是其在功能层面上的四个基本内容[13]。根据协同论的基本思想，高职教育体系的这些要素之间不能单打独斗、各自为阵、相互割裂，而是需要通过有效协同才能产生整体性效应，实现培养适应社会需要的应用型人才这一共同目标。

事实上，随着产业转型升级和经济发展方式的转变，高职院校传统和单一的人才培养模式已经无法很好地适应社会、企业和学生的实际需求。主要表现在：一是人才培养与社会需求存在偏差，用人单位对职业素养和综合素质的高度要求并未引起高职院校足够的重视；二是就业质量与人才培养目标存在偏差，专业对口率偏低、就业后离职率偏高，毕业生可持续发展能力较差；三是人才培养方案、教育模式和内容与学生需求存在偏差，专业设置与课程内容不能体现产业发展和市场变化；四是教学与研发脱节、研发与应用脱节，办学绩效不高，等等。

为此，深圳职业技术学院（以下简称“深职院”）把高职教育的协同育人凝炼为“政校行企四方联动、产学研用立体推进”十六个字。“政校行企四方联动”是“策略+行动”，主要以校企合作为主轴，健全政府、学校、企业、行业联动平台和联动机制；“产学研用立体推进”是“行动+目标”，主要以人才培养为核心，实现生产、教学、创新研发、应用服务多项功能和目标。从而把人才培养置于多方协同的开放系统之中，以适应经济发展方式转变对人才培养的新要求，实现高职教育的教育自觉。

四、高职院校产学研用协同育人的几个重要问题

1. 制度创新

从协同论的原理分析，产学研用协同育人不是单纯一方对另一方的帮助和支持，而是各方为实现共同目标而进行的协同合作，那么各方都要承担一定的责任和义务，受到一定的法律、制度和道德的约束，也有组织与协调的问题。从这个意义上讲，产学研用协同育人的本质是一种管理和组织创新，通过缔结一定的制度，使多方主体遵循优势互补、风险分担、利益共享的协同原则，把高校与外界的合作育人从浅层合作导向体制性的深度合作。因此，产学研用协同育人的难点是要突破制度瓶颈，建立健全制度体系。

广义上讲，制度体系包括国家和地方的法律、法规以及学校内部的制度。对高职院校而言，产学研用协同育人体现了一所学校整个系统的体制机制创新，需要系统设计和完善人才培养模式、教育教学组织方式、人事制度、科研组织与管理、学生管理和学校资源配置等方面的制度，形成有利于产学研

用协同育人的系列利好政策，逐步建立起以市场为导向的制度支撑体系，激励师生参与产学研用协同育人的深层内驱力，从而打破学校和社会之间的“围墙”，打破校内各专业及部门之间的藩篱，促进人、财、物各类资源真正形成合力、实现协同共享。

深职院将“政校行企四方联动，产学研用立体推进”作为办学的基本方略，初步形成了产学研用协同育人的制度体系，其意义在于以市场需求为导向，实现教育与经济和科技的紧密结合，突破产、学、研、用各自为政的壁垒，将隶属于各个不同管理体系的资源和人才进行有机的结合，从而实现人才培养的最大效应，着力改变我国高职教育办学模式和人才培养运行机制过于封闭的倾向：（1）在顶层设计方面，出台了《关于实施产学研用协同创新计划的决定》《产学研用促进条例》和《产学研用协同创新实施方案》，实施有重点、系统化的以育人为核心的协同创新工程；（2）在人才培养模式改革方面，出台了《关于加强复合式创新型高素质高技能人才培养改革的决定》《复合式创新型高素质高技能人才培养方案》，以复合专业、复合课程、复合能力、复合证书为重点，变革教学运行机制，通过建立“主干专业＋拓展专业”的学习平台打破专业界限，优化专业素养和能力结构，强化学生自主学习，创设复合式创新型高素质高技能人才培养新模式；（3）在师资团队建设方面，出台了《关于进一步加强师资队伍建设，促进协同创新和人才培养改革的意见》《柔性引进企业骨干人才管理办法》《关于提升专任教师双师素质的实施办法》《职教师资资格认定办法》《专任教师下企业实践管理办法》《提高教师国际化水平的实施办法》等，把师资队伍建设放在更加突出的战略位置，为顺利实施产学研用协同育人，全面提高学校教育质量，提供人才保障和智力支撑。（4）在学校管理队伍方面，进一步完善了管理干部选人用人机制、教育与培训制度、绩效考核制度和管理监督机制，出台了《关于进一步加强管理干部队伍建设，促进协同创新与人才培养改革的意见》，并将协同育人工作纳入部门和教师考核，为协同育人提供组织管理保障；同时，根据深圳市委市政府《深圳市深化事业单位改革指导意见》和《建立和完善事业单位法人治理结构实施意见》，不断完善学校法人治理结构，以法律的形式明确学校法人治理结构模式，奠定现代大学制度的基本法规基础。以学校为主，吸纳政府、社会力量参与学校办学和管理，形成政府宏观管理、市场适度调节、社会广泛参与、学校依法自主办学的现代大学办学制度。

2. 平台构建

实施产学研用协同育人，关键要突破产、学、研、用各自为阵的壁垒，实现开放、合作、共享，这就需要建立一个能有效汇聚和整合校内外资源的平台，使多主体、多因素能进行多方位交流和多样化协作，进行跨边界的合作。建立这样的平台，高职院校首先要考虑的是选择和谁联合。一般而言，协同育人应当是强强联手，高职院校要选择那些实力雄厚、有较强的国际国内影响力、关心高职教育发展的大型企业、行业、高校、科研院所和知名社团组织，组建各种形式的协同育人共同体，充分汇聚优势资源。其次，要根据协同育人的需要统筹考虑平台的类型和层级，体现系统化设计的思想和多样化的特征。例如，深职院搭建了系统推进产学研用协同育人的平台（图1）：（1）改革组织架构，建立三级推进的协同育人工作平台。将原教学指导委员会改造为校—院—专业三级“产学研用指导委员会”，增补政府及行业企业的代表，并专门设立“产学研用促进处”；（2）设立校－院－专业不同层级的协同育人联盟。与中华职业教育社、商务印书馆及一批企业、行业和科研院所联合组建了“中国职业教育运行机制协同创新中心”，并在相关二级学院设立7个分中心；与行业企业和政府有关部门合作建立了一批全国行业及省市技术中心，现已有12个集教学、科研、生产、社会服务四项功能于一体的市级以上公共技术平台、重点实验室等；（3）建设多样化的协同育人平台。如以项目、合作课题为依托的工作室、工作坊等，设立大学生创意创业园、创业学院、创业创新基金等。

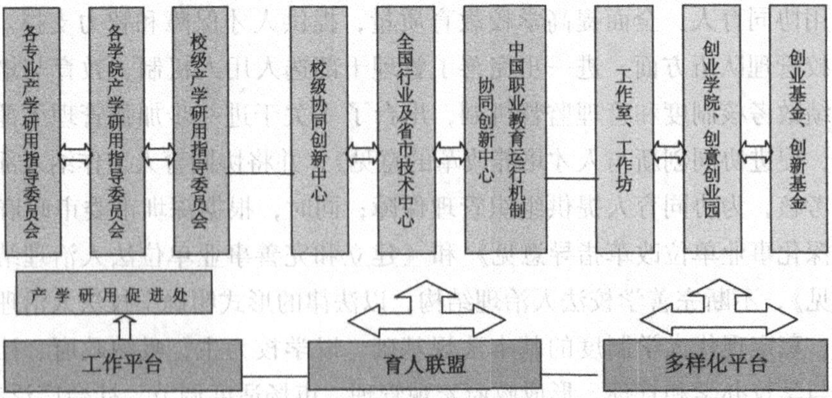

图1　系统推进产学研用协同育人的平台示意图

3. 实施路径

第一，专业设置与调整要校企共研，对接产业，使专业链和产业链有机融合。一方面，高职院校要主动适应地方产业需求，科学设置专业。校企双方要开展充分的区域产业发展和市场需求调研，摸清区域优势资源、支柱产业及其发展方向，并充分考虑人才的现实要求和未来需要，科学地进行人才预测，使专业设置更具针对性。另一方面要及时调整专业设置，根据区域产业结构调整变化情况对专业实行“关、停、并、转、建”保持专业设置与区域产业的动态对接。“关”和“停”是指对生源不足，就业率低的专业，予以撤销或暂停招生；“并”是指对专业口径过细、人才培养适应口径太小，且又具有一定相似性的专业进行合并；“转”是指打破专业间的壁垒，对一些旧有专业进行合并重组，调整招生和就业方向，向新兴、交叉、综合性学科专业的方向转向；“建”是指根据产业发展需要，建设一批紧贴市场、适应需求的专业，满足市场对技术应用型人才的迫切需求。2008 年以来，深职院已将原 105 个专业优化整合为 78 个专业，所有专业均紧贴高新技术、金融、物流、文化等深圳支柱产业和新能源、互联网、生物等战略性新兴产业，主动适应了区域社会经济的变化，提高了人才培养对区域经济发展的贡献度。

第二，课程建设与开发要校企共商，突出应用。高职院校要积极与行业企业合作开发课程，根据技术领域和职业岗位（群）的任职要求，参照相关的职业资格标准，改革课程体系和教学内容[14]。一是共同制定课程标准。设立由行业企业专家、企业技术人员、课程专家、高职院校专家、骨干教师等组成的课程建设小组，对行业企业人才需求的规格、数量和层次进行全面地调研，对职业领域与职业边界进行客观地分析与划分，对相关职业岗位群的职业能力要求和知识结构进行系统地剖析，按照工作岗位与职业能力的要求制定课程标准，并将行业企业的技术标准、职业资格标准融入课程标准。二是共同开发项目课程。企业专家凭借自己丰富的企业工作经验，将企业生产、工作中的典型生产项目、服务项目和培训项目作为工作任务筛选出来，专业教师将之转化为学校项目课程教学模块，实现人才培养目标从职业领域（工作领域）向教育领域（学习领域）的转化、典型生产项目向教学项目的转化。

第三，校内实训基地要校企共建，产训一体。关于高职院校的校内实训基地究竟应该如何建、应该具备什么样的功能，多年来一直是人们研究探讨的热点。到 2006 年，以“生产性实训基地”概念的提出为标志，各界在高职院校校内实训基地建设的理念认识上逐渐形成共识。有学者将“生产性实训”的基本特征概括为“八个合一”[15]：生产车间与教室合一、学生与学徒合一、教师与师傅合一、教学内容与工作任务合一、教学用具与生产工具合一、作业与产品（作品）合一、教学与科研合一、育人与创收合一。这种提法比较形象地表达了“生产性实训”的内涵和基本要求。其核心理念是：建设主体多元化，必须有行业企业的参与，引进企业的设备资源、人才资源进行共建共享；功能多元化，既有技能实训的功能，又有产品生产的功能，还有社会培训和技能鉴定的功能，并且可以承担新产品、新技术研发的功能，实现教学、培训、科技开发和生产“四位一体”。

第四，师资团队要校企互通，产学双赢。“双师型”是对高职师资要求的经典表述。为适应产学研用协同育人的需要，“双师型”教师队伍建设要抓住两个关键点。一是针对教师个体，“双师型”是指高职教师除了应具备一般教师的职业素质外，还要具备相关行业从业人员的职业素质。近年来，有学者还提出“三能型”师资队伍的概念[16]，以突出强调教师要参与应用性研发，能帮助企业解决技术难题。二是“双师型”教师队伍建设要由侧重个体的视角转向整体视角，即“学校专任教师＋企业兼职教师”的教学团队。我们应该认识到，提升教师个体的“双师”素质和促进教师整体的“双师”结构，这两方面同等重要，甚至后者更为重要。因为依靠专任教师“下企业实践”、考取职业资格证书等方式来提高“双师素质”这种单向流动的方式，对于教师个体有更高的要求，而且在实践中往往难以实现。而把高职教师队伍整体作为一个开放的系统，通过多方面人力资源的协作，建立一支校企互通、动态、交流、协同的教学团队，可以发挥团队的整体效应，更好地实现产学研用协同育人。

4. 文化引领

在产学研用协同育人这个复杂的系统工程中，即使有制度约束和平台，也不一定能够产生最优效用，其深层次的影响因素和无形的驱动力量是文化。高职院校要树立文化育人的理念，紧密契合高职教育的类型特征，实现校企文化的共融，以文化引领技能型人才培养，从而使得技能型人才不仅适应基本的岗位能力要求，更能适应产业升级、社会转型和人的可持续发展的要求。高职院校的文化建设和文化素质教育，要以开放融合为机制，适度吸收行业、企业以及其他文化的优质要素，并有效地加以化用和吸纳[17]。

第一，创建仿真职业文化氛围，建立环境文化。高职院校在校园环境文化建设中，要注意到学生未来职业的特点，加强企业文化所要求的职业环境的布置和氛围的渲染，努力使学生接触到与以后的实际工作岗位、生产现场十分相似的职业环境和氛围。如按照真实企业环境、企业文化布置实训基地，按照真实的工程或企业要求设计实训场所工艺流程，让学生接受仿真职业文化的教育；有意识地引进若干知名企业进校园或共建校内实训室，将企业的生产车间、生产线搬进校园，使师生在工作学习过程中感受企业环境。

第二，引进企业先进的管理理念和制度，吸纳优秀企业的核心价值观。学校在与企业的合作过程中，不仅把企业的设备、生产技术、流程和企业技术人员等硬件带进了学校，而且把现代企业的管理制度、工作氛围和企业的价值观等企业文化引进学校。学生通过参与企业的生产和科技研发，就能受到现代企业文化的熏陶和感染，增强学生对企业文化的认同，增强对社会的认识和社会适应能力，提高学生团队协作、敬业爱岗、创新精神，体验职业素质的深刻内涵。

第三，将文化教育与行业、专业教育相结合，建立专业文化。专业文化是专业建设的灵魂，具有强烈的导向性、约束性、规范性和陶冶性，能够形成一种良好的专业教育氛围，不断驱使师生为自己的专业成长提供原动力和支持力。高职教育普遍对接行业、产业，不同类型的院校应突出行业文化和专业文化特色，把文化教育与行业、专业教育相结合，例如汽车专业教育可与汽车的诞生、演变等汽车历史和汽车文化相结合，把专业教育与专业文化教育相结合[18]。深职院汽车专业开设的《汽车文化》课程，讲述汽车的起源，汽车设计人、制造商的故事，汽车品牌的形成，国家文化对汽车设计理念的影响等，引导学生从文化的角度来理解汽车的发展，理解汽车的技术，取得了非常好的效果。

五、问题与思考

1. 产学研用协同育人的根本是提高人才培养质量

协同育人是协同创新概念体系中的核心概念之一。在政府主导作用下，学校、企业、行业、中介机构、科研机构之间的协同创新有两个方面的目的，一是人才培养和使用，二是科技研发和知识增值。高职院校开展产学研用协同合作，并不是为了孤立地提高学校的科技研发能力，而是要通过协同合作，从根本上解决好高素质高技能人才培养的途径和模式这一核心问题。高职院校要进一步转变观念，坚持以人才培养为核心，牢固树立高素质高技能的创新人才培养离不开高水平科技研发支撑的观念，通过不断探索科技研发和人才培养紧密互动、有效协同的运行机制，进一步优化专业结构、教育教学组织模式和科技研发组织模式，使科研创新和人才培养从个体、封闭、分割的方式向流动、开放、协同的方式转变，以高水平的应用科技研发和一流的人才培养方案支撑高质量的高技能人才培养，最大限度地满足区域社会经济发展对高职教育的需求。

2. 加快产学研用合作的立法工作迫在眉睫

高职院校产学研用协同育人离不开政府的支持。改革开放以来，国家及各级政府虽然制定了一系列关于产学研合作的政策文件，但与国外相比仍然存在较大差距，缺乏政府强有力的制度保障和政策支持仍然是阻障我国产学研用合作的重要瓶颈。主要表现在：政策性文件多，法律法规文件少；教育管理部门出台的文件多，执行力度小；倡导性政策和宏观指导性意见多，具体可操作性措施少等等[19]。严格意义上说，我国目前还没有一部具有法典意义的“产学研用合作促进法”。我国产学研合作工作起步并不晚，早在20世纪六十年代就提出了构想，20世纪末开始着手大力推进产学研一体化工作，21世纪以来又明确提出“产学研用合作”，但随着这项工作的深入推进，碰到的问题也愈来愈多，深感必须要通过制定专门的“产学研用合作促进法”方可解决目前面临的诸多问题[20]。因此，加强产学研用合作的法律法规建设迫在眉睫。

3. 产学研用协同育人的关键在于体制机制创新

与国外发达国家和地区相比，我国高职院校的产学研用合作在广度、深度、水平、效益等方面都存在较大差距，还存在不少矛盾和问题亟待解决。主要表现在：一是高职院校科技研发特色不鲜明，参与企业技术研发和技术改造热情不高；有的高职院校一味地要求企业为学校提供设备、资金、场地等支持，而不考虑学校怎样为企业服务，为企业解决技术、管理和人才上的困难。二行业企业与职业教育紧密结合的运行机制尚未建立，现在的校企结合仍是个别行为，大多数企业热情不高，参与度不广，推行起来成本高、效率低。同时，行业没有负起引领职业教育发展的责任，在制定职业标准、岗位能力标准、形成各行业的国家职业资格体系上，很少为职业教育提出办学依据。三是产学研用合作稳定性差、规模较小、深度较浅、涉及面不广。

从根本上解决影响和制约高职教育产学研用协同育人的深层次矛盾和问题，归根结底要靠体制机制创新。从国家和政府层面来说，一要改变管理体制不顺、各级政府各部门各自为政，导致资源无法整合共享的局面；二要真正落实高校办学自主权，使学校对企业和市场需求的变化反映灵敏，真正按照行业、企业的要求和学校实际情况灵活地开展合作；三要改革现行职业准入制度、企业用人制度、毕业生就业制度、学校企业人员相互兼职制度等人事管理体制，适应产学研用合作的要求；四要健全激励机制，对于参与产学研用合作成效好的企业、科研院所和学校给予应有的奖励，对成效不好的企业、科研院所和学校给予适当的惩罚。从学校和微观层面来说，则要深化内部体制机制改革，改变前文提到的躲在“象牙塔”封闭办学，以及学校各部门、各院系、专业之间条块分割、壁垒森严、资源无法共享的局面。

参考文献

［1］谭界忠. 高等职业教育产学研合作机制研究［M］. 北京：中国农业科学技术出版社，2008：57—58.

［2］李健. 中国特色产学研合作体系的形成与发展［N］. 光明日报，2009-12-18.

［3］李建求. 一位实业家的教育救国梦：张謇的职业教育思想与实践研究［M］. 北京：世界图书出版公司，2011：21.

［4］马克思恩格斯全集（第23卷）［M］. 北京：人民出版社，2001：530.

［5］［6］赵云良. 产学研合作的理论背景［J］. 江苏高教，2000（6）：17—20.

［7］［德］赫尔曼·哈肯，凌复华译. 协同学：大自然构成的奥秘. 上海：上海译文出版社，2005：219—220.

［8］孟昭华. 关于协同学理论和方法的哲学依据与社会应用的探讨［J］. 内蒙古社会科学，1997（6）：10—11.

［9］刘洪一等. 产学研用协同育人的理念与实践［M］. 北京：商务印书

馆，2013：1.

[10] 刘洪一等. 产学研用协同育人的理念与实践［M］. 北京：商务印书馆，2013：13—46.

[11] 教育部关于推进高等职业教育改革创新引领职业教育科学发展的若干意见（教职成［2011］12号）［Z/OL］. http://www.moe.gov.cn/publicfiles/business/htmlfiles/moe/s6342/201407/xxgk_171561.html.

[12] 姜大源. 论高职教育工作过程系统化课程开发［J］. 徐州建筑职业技术学院学报，2010（1）：2.

[13] 刘洪一."官校企行"四方联动"产学创用"立体推进——关于高职教育有效运行机制的思考［J］. 高等工程教育研究，2009（3）：115—116.

[14] 教育部关于全面提高高等职业教育教学质量的若干意见（教高［2006］16号）［Z/OL］. http://www.moe.gov.cn/publicfiles/business/htmlfiles/moe/moe_745/200612/19288.html.

[15] 丁金昌，童卫军：校内生产性实训基地建设的探索［J］. 中国高教研究，2008（2）：57.

[16] 丁金昌：基于产学研结合的高职教育办学模式探索［J］. 高等工程教育研究，2012（4）：118.

[17]［18］刘洪一. 文化育人与技能型人才培养［J］. 文化育人，2012（1）：36—43.

[19] 吴岩、孙毅颖. 我国企业参与高职人才培养政策背景与发展过程［J］. 第二次全国高职高专产学结合经验交流会议文集［M］，北京：高等教育出版社，2004：82—83.

[20] 黄明东. 我国"政产学研用合作促进法"的法源初探［J］. 武汉大学学报（哲学社会科学版），2011（6）：151—154.

关于建立高职教育产学合作长效机制的思考

谭属春

摘要： 高职教育的特点，决定了它的办学必须走产学合作的道路，而产学合作的生命力在于产学合作的长效机制，本文在总结我国高职教育产学合作经验教训的基础上，借鉴国外发达国家高职教育产学合作的成功经验，提出应从政策保障、经费投入、利益驱动、制度约束、沟通协调等五个方面构建高职教育产学合作的长效机制。

关键词： 高职教育　产学合作　长效机制　思考

作者简介： 谭属春，深圳职业技术学院文化育人研究与发展中心主任、研究员。

近年来，随着国家示范性高职院校建设的全面展开，各高职院校在校企合作、工学结合的理论研究和实践探索方面取得了可喜的成绩，以工学结合为核心的人才培养模式改革不断深化。但就全国高职教育发展的整体而言，目前我国高职教育产学合作还存在阶段性、不稳定性、不平衡性、松散性和偶然性等特点，产学合作的动力不足，程度不深，有时甚至困难重重。其中最根本的问题就是还没有形成产学合作的长效机制。因此，如何构建高职院校产学合作的长效机制，成为当前进一步推进高职教育产学合作，深化高职教育人才培养模式改革的重要课题。

总结我国高职教育产学合作的经验教训，借鉴国外发达国家高职教育产学合作的成功经验，笔者认为，应该重点从以下几个方面来构建高职教育产学合作的长效机制。

一、坚强有力的政策保障机制

产学合作是一项非常复杂的系统工程，涉及学校、社会、企业、学生等各方面的关系和利益。在这个系统工程中，要使每个要素、每个环节都最大限度地发挥作用，使产学合作能够顺利、持久地开展下去，离不开政府强有力的政策保障，需要政府的指导与推动，即政府必须运用行政的、政策的、法律的、经济的手段，来促进产学合作。德国“双元制”教育，澳大利亚TAFE、美国“合作教育”、英国的“三明治”等职业教育与培训模式之所以取得成功，与政府在政策与资金上的大力支持是密切相关的。如德国《职业教育法》不仅规定了企业进行职业培训的责任，而且规定企业接受学生实习，可以免交部分国税；不仅要求企业必须向职业学校的学生提供实习实训环境、场地、指导等，而且也要求职业院校的专业设置、教学计划、培养方案、考核标准都必须与企业共同制定[1]。而澳大利亚的国家认证体系和培训包是TAFE办学必须遵循的教育法规，学校的教学和培训工作必须围绕这些能力和标准要求展开，同时，规定企业必须拿出工资总额的2%用于教育培训[2]。

改革开放以来，我们国家虽然也制定了一系列关于“校企合作”的政策文件，促进我国高职教育“产学合作”的发展，如1996年发布的《中华人民共和国职业教育法》提出职业学校、职业培训机构实施职业教育应当实行产教结合，为本地区经济服务、与企业密切联系、培养实用人才和熟练劳动者。《中华人民共和国教育法》中提出“国家鼓励企事业组织、社会团体及其他社会组织同高等学校、中等职业学校在教学、科研、技术开发和推广等方面进行多种形式的合作。企事业组织、社会团体及其他社会组织和个人，可以通过适当形式，支持学校的建设，参与学校管理。”这些政策的出台，对我国职业院校的产学合作、工学结合起到了一定的推动作用。但与国外产学合作成功的国家相比，仍然存在十分明显的差距。如政策性文件多，法律、法规性文件少；教育管理部门出台的文件多，企业管理部门出台的很少；政策性文件出台多，执行力度小；倡导性政策和宏观指导性意见多，具体可操作性措施少[3]；一般性规定多，强制性奖惩措施少；行政命令式文件多，而运用法律、政策、经济等市场调控手段少。因而，对校企双方，尤其是企业参与产学合作，既缺乏应有的约束，又缺少利益的保障，支持的力度明显不够，尤其是与社会主义市场经济发展形势明显不适应。为此，笔者认为，在推进产学合作问题上，政府应从计划经济思维模式向市场经济思维模式转变，从以行政手段为主向以政策、法规和市场手段为主转变，着力研究社会主义市场经济条件下，如何建立产学合作的政策保障机制问题。一方面要有刚性的法律规定，比如国家应该通过相关法律，严格规定企业有参与职业院校人才培养工作的义务，如果企业拒绝承担这样的任务，一经查实，就要吊销其营业执照，限期整改，否则不准继续营业；而职业院校也必须走产学合作之路，学校的专业设置、专业人才培养规格的确定、教学计划和课程设置、考核标准的制定等，都要求学校与行业、企业共同制定，让行业企业参与学校人才培养的全过程。否则，就要取消该院校的办学资格，不允许其招生办学。又如，各级政府应该在“职业教育法”允许范围内制订具体实施条例，明确产学合作中，学校、企业双方的权利和义务，既从法律上对高职教育的校企合作进行规范、监督和约束，又对校企双方各自的利益给予强有力的保护，以促进高职教育产学合作的健康稳定发展。另一方面也必须有柔性的激励政策，如政府下拨给职业院校的经费中，有一部分以学生实习券形式下拨，防止学校挪作他用或以种种借口，减少学生到企业实习的时间。而企业则凭承担学生实习任务获得的实习券即可抵扣企业应交的税收，对校企合作的科技开发成果的转换或校企合作的股份制企业予以一定年限的税收优惠和政策上的支持。对支持职业院校学生实习、支援学校实验实训设备的企业实行税收优惠或专项补助政策，将企业用于产学合作的费用纳入企业经营成本进行税收减免或冲抵税收等等。也就是说国家和各级政府应为高职教育的产学合作增加经费投入，支付一定的机会成本[4]，以充分发挥政府的政策导向与经济杠杆作用。

二、高效稳定的经费投入机制

高职教育开展产学合作，必须有足够的经费作保障。经费不足是目前我国高职教育产学合作无法深入开展的重要原因之一。因此，建立高效稳定的经费投入机制，对于保障产学合作的持续健康发展至关重要。为什么要高效？因为不管什么投入，都有个投入产出问题，也就是投入的效果问题。产学合作的经费投入也是如此。高职院校产学合作经费的来源，不外政府投入、企业和社会捐赠、学校自身的投入，不管哪方投入，都希望能以最小的投入，取得最佳的效果。为什么要稳定？因为只有稳定的投入才能确保产学合作有计划地持续深入开展，才有可能取得好的效果。因此，作为高职院校来说，要获得更多、稳定的产学合作经费投入，就必须加强成本核算，提高资金的使用效率；就一定要确保产学合作经费投入能取得好的实效，产生良好的社会效益或经济效益，能够让经费投入者感受到其投入的价值。如通过产学合作，能真正使学校人才培养大质量得到提高，为社会输送更多的优秀人才；能提高企业的知名度，产生良好的广告效应；能解决企业的实际问题，或直接带来良好的经济效益；等等，这样就能形成投入与产出的良性循环，使产学合作得到源源不断的稳定的经费保障。除此以外，高职院校还要充分利用学校的设备、技术与师资的优势，大力开展面向社会的技术研发、职业技能鉴定和技术培训、技术咨询等各种不同形式的技术服务，争取更多的经费支持，从而形成学校自身的造血功能。如深圳职业技术学院从 2007 年 1 月至 2009 年 8 月从事科技开发和技术服务到帐经费达到 4316.18 万元，2008 年开展技能鉴定与认证和职业培训达到 23000 余人次，收入 1200 多万元。这既是学院产学合作取得的重大成效，也为学院进一步深化产学合作提供了一定的经费支持。

三、互利多赢的利益驱动机制

实践证明，高职教育产学合作的形成、存在和发展都与利益有关。利益是高职教育产学合作赖以形成、存在和发展的基本动力，是产生驱动力的源泉。目前我国高职教育产学合作之所以发展不平衡，关键就在于缺乏利益驱动机制，不能满足合作各方的利益需求。从企业角度说，如学校条件不够，实力不强，提供不了最新技术培训，解决不了企业生产经营中碰到的实际问题；在劳动力供大于求的情况下，高职院校培养不了企业急需或者是其他类型人才不可替代的人才；等等，都会造成企业对产学合作就没有足够的动力；从学校人才培养角度说，希望选择有一定规模、技术先进、管理较好的企业作为合作单位，让学生去实习，而往往这样的企业又不愿接收学生实习，不愿与高职院校合作；而那些愿意合作的企业，又往往满足不了学校人才培养的要求。因此，建立互利多赢的利益驱动机制是推动高职院校产学合作不断深入发展的内在动力。所谓互利是指产学合作对校企合作双方都有利，这是校企合作的基本原则，也是合作成功的前提条件。在合作过程中，校企双方在考虑满足自身利益的同时，应该更多地考虑这种合作能给对方带来什么样的利益，这样合作才能长久。所谓多赢是指通过校企之间的产学合作能够使合作涉及到的各方，如政府、学校、社会、企业、学生、教师、企业员工等都能在合作中获得实实在在的利益，以充分调动各方参与产学合作的积极性。而要达到这种互利多赢的目的，关键是要弄清校企双方的利益或需求所在，并寻找双方利益的结合点。从企业的角度看，产学合作的利益主要体现在：一是获得符合企业需要的高素质应用型人才；二是利用高职院校的人才、科技、信息等方面的优势，解决企业的技术、管理、经营方面的难题，开展新技术、新产品的研发，提升企业的竞争力；三是利用高职院校的教学资源对企业员工进行培训；四是树立良好的社会形象，提高企业及其产品的知名度；五是获得政府的政策性优惠，如减税、贴息等，以及在与学校开展生产性合作中获得经济利益；六是有利于企业长期发展战略的形成、企业优秀文化的塑造和学习型企业的建设[5]。从学校角度看，开展产学合作的利益主要体现在：一是获取企业在资金与设备方面的资助，改善学校的办学条件；二是获得人才需求的信息，使企业参与学校人才培养的全过程，优化学校的专业设置与人才培养方案，提高学校办学水平和人才培养质量；三是为学生校外实训和顶岗锻炼创造条件，提供便利，培养学生的职业能力；四是为教师提供科技研发课题和条件；五是为学校提供就业信息，协助学校解决毕业生就业问题；六是企业参与专业“双师型”教师队伍建设，解决学校实践指导教师短缺的困难；等等。

从以上分析我们可以看出，企业的利益最终可以归结为提高企业的经济效益，经济效益是企业的核心利益，凡是有助于企业合法盈利的行为与合作方式都会受到企业的欢迎[6]。而学校的需求最终目的只有一个，那就是提高人才培养质量，培养人才是学校的核心利益。因此，提高学校人才培养质量与企业的经济效益是产学合作的利益结合点，校企双方应该充分利用各自的优势与条件，在满足双方核心利益的前提下，寻找合作的项目，促进双方合作的深入发展，形成强大的利益驱动机制。当然，企业的需求是多种多样的，也是不断变化的。不同的企业有不同的需求，同一个企业在不同时期需求也有不同。作为高职院校来说，更要善于发现和满足企业的个性化需求，使企业在合作中尝到甜头，必然会强化长期合作的动机与动力。在这方面我国高职院校有不少成功的经验与做法值得借鉴。如深圳职业技术学院与深圳家具行业协会共同建设深圳家具开发研究院，使之成为辐射深圳乃至珠三角地区家具行业的公共技术平台，主要从事家具新材料、新技术、新工艺、新产品研究开发与推广，不仅有力地提高深圳家具行业的整体水平和竞争力，为深圳家具行业协会创造了良好的经济效益；而且为学生的实训、实习和教师的科研创造了良好的条件，也大大提高了家具专业在深圳家具行业内的知名度，对促进毕业生就业也大有益处。又如深圳通广北电有限公司给深圳职业技术学院装备一个实训室，企业负责设备的更新换代，并把他们的客户培训中心放在学校，由学校为其承担客户培训任务。这样企业可以节省大量培训客户的人力、物力，并通过学校这个窗口达到扩大企业及其产品知名度的目的；而学校一方面可以免费使用公司设备，用于学生实训，另一方面可以获得一定的培训收入。这样一些产学合作的形式，都充分考虑到了校企双方的利益，真正实现了互利多赢，因而合作能够长久深入。

四、规范有序的制度约束机制

高职教育产学合作不是一方对另一方的帮助和支持，而是双方为了实现一定的目标而进行的业务合作，都要承担一定的责任和义务。既然是合作就要受到法律、制度和道德的约束，有约束才有规范，才能保证产学合作的健康发展。这种约束除了国家法律、政策和社会道德的约束外，至关重要的就是合作双方有关制度、协议的约束。这种制度的约束包括几个层面：一是通过校企双方签订具有法律规范的协议进行约束。在协议中应该明确双方的权利、义务及违约的责任。没有符合法律要求的协议约束，就没有产学合作的长效机制[7]。二是企业和学校都要建立完善的管理制度。其中包括符合产学合作需要的学校管理制度，如实训室管理制度、实习实训基地管理制度、学生校外实习管理办法、实训教师管理制度等；合作项目管理制度，如合作办学专项经费管理办法、企业职工培训管理办法、校企共同开展应用研究与技术开发管理办法等；要建立激励与考核制度，如特聘教授与兼职教授管理制度、教师下企业顶岗锻炼制度及有关鼓励产学合作的优惠政策和奖惩制度等。通过制度把产学合作纳入科学、规范、有序的发展轨道，促进产学研合作的健康发展。如深圳职业技术学院电子与信息工程学院对学生顶岗实习采用了“六制度一标准”的管理方式。具体来说，“六制度”是指企业导师制（企业一位技术人员担任学生顶岗实习导师，进行一对一技术指导）、责任教师制（学院一位专业老师指导学生按照教学大纲完成学习任务）、企业周报制（企业导师每周向学院通报学生在实际工作中的表现）、学生周记制（学生每周完成一篇实习周记交责任教师）、周会制（学生每周在企业的项目周会上汇报工作进展）、节点考核制（企业导师在项目关键点对学生实习进行考核），“一标准”是指成绩评定标准（考勤占15%、工作态度占10%、任务量40%、顶岗实习总结占15%、提出问题与解决问题能力占20%。由企业导师与责任教师共同评定）。在对企业参与产学合作的激励方面，学校规定，凡是给学校捐赠量大、贡献大的企业和企业家，在每年教师节予以表彰，授予“尊师重教先进个人或单位”称号，并上报市政府；同时给予优先选择学校毕业生，其子女报考学校享受教职工同等待遇等优惠政策，极大地调动了企业参与学校建设和人才培养工作的积极性。

五、及时有效的沟通协调机制

高职教育产学合作最终是要通过人去实现的，人是有感情的，人与人之间的交往难免产生矛盾，需要通过情感的交流去化解，尤其是在当前国家关于产学合作政策、法律、法规不健全，各种优惠政策得不到落实的情况下，及时有效的沟通与情感的交流就显得非常重要，成为推动产学合作的重要动力。同时，在合作过程中，也难免碰到政策、法律、制度和协议中涵盖不到的问题，需要合作双方协商解决。因此，可以说，校企合作的过程始终是人际交往、情感沟通的过程[8]。没有及时有效的沟通协调与情感交流，就不可能有产学合作的持续健康发展。

要建立及时有序的沟通协调机制，首先要成立校企共同参与的产学合作组织机构，为产学合作的有效开展提供沟通协调和交流的平台。目前有部分高职院校建立的董事会、专业管理委员会、联合办学董事会、专业指导委员会、产学合作委员会、校外实训基地、产学联合体等都属于产学合作的组织机构，在促进校企沟通与交流方面发挥了有效的作用。如深圳职业技术学院自建校起每个专业都成立以行业、企业专家为主体的专业管理委员会，其主要职责一是根据深圳经济发展的需要和行业的要求，确定本专业的培养目标；二是确定本专业与上岗有关的知识能力结构标准；三是审定专业教学计划；四是审定专业各门课程教学大纲和技能训练大纲；五是审定专业知识和技能考核的标准及方法；六是研究教学中出现的重大问题并及时指导解决；七是协调管理校内教学和校外实习，实行产学结合；八是指导、推荐毕业生就业。目前全院共建立了 87 个专业管理委员会，与深圳 774 家企事业单位建立了密切联系，集中了深圳各行各业 774 位专家，成为深职院与深圳行业、企业合作交流的重要桥梁和纽带。

其次，要形成定期交流、走访的制度，确保合作双方交流能够经常化。要经常派人走访本地区的相关行业、企业，定期或不定期召开相关行业、企业人员参加的座谈会，讨论解决产学合作中存在的问题，虚心征求他们对学校教学、科研和社会服务及学校管理方面的意见，这对于增进校企之间的感情，促进产学合作的开展是很有意义的。如深圳职业技术学院规定，专业管理委员会除了平常的沟通联系渠道外，每半年要集中活动一次，互相交流信息，讨论研究本专业发展和产学合作的重大问题。学院每年元旦前后组织各专业教师走访有关行业协会及知名企业，都起到了很好的沟通交流作用。

再次，信息沟通要及时。从学校来说，凡是涉及学校改革发展的重大事项、重要政策调整和人事变动等信息应及时向有关行业、企业通报；凡是行业、企业对学校和专业提出的意见和建议，合理的要及时采纳，不合理或一时无法实行的也要及时给行业、企业反馈，使企业感到学校对他们的重视。从行业、企业来说，要及时向学校及相关专业通报行业、企业最新发展信息及人才需求信息，使学校能够及时掌握相关行业、企业的技术发展前沿，为学校深化教学内容改革和开展科技创新提供依据。同时，行业、企业对学校、专业有什么要求也要及时提出来，以便学校和专业能及时解决。

综上所述，高职教育的特点及人才定位，决定了它的办学必须走产学结合的道路，而产学结合的生命力在于产学合作长效机制。实践和研究表明，高职教育产学合作长效机制的建立也是一个系统工程，需要政府、学校、行业、企业和全社会的共同努力。这其中首先是要解放思想，提高认识，真正从国家、民族的长远发展和行业、企业的长远利益这样一个战略高度来认识高职教育开展产学合作的重要性。只有在思想认识上达成共识，才能提高全社会推动产学合作的积极性。其次国家政策、法律的引导和政府的宏观调控至关重要，这是建立高职教育产学合作长效机制的重要保障。再次，行业、企业的积极参与是推动产学合作的根本动力，没有行业、企业的积极参与，或者说行业、企业对高职教育产学合作的积极性不高，就不可能形成产学合作的长效机制。第四，高职院校自身的努力是建立产学合作长效机制的关键。高职院校是高职教育产学合作的主体，在产学合作中，要坚决克服“等靠要”的思想，充分发挥学校及教师的积极性、主动性，充分利用国家和政府现有的政策和法律，充分发掘企业参与产学合作的潜力和学校自身的条件与优势，不断创新高职教育产学合作的新模式，推动产学合作的持久、深入开展和高职教育产学合作长效机制的形成。

参考文献

[1] 陈铁牛．试论高等职业教育产学合作机制的建立［J］．昆明冶金高等专科学校学报，2004（2）：43.

[2] 刘华，初钊鹏．高职教育产学合作的机制研究［J］．江西教育科研，2006（10）：54.

[3] 吴岩，孙毅颖．我国企业参与高职人才培养政策背景与发展过程．第二次全国高职高专产学结合经验交流会论文集［C］．北京：高等教育出版社，2004：82—83.

[4] 张辉，吴万敏．高职教学产学合作长效机制论略［J］．高等教育研究，2008（11）：71.

[5] 丁金昌，童卫军，黄兆信．高职校企合作运行机制的创新［J］．教育发展研究，2008（17）：68.

[6] 李祥富．高职院校产学合作长效机制探讨［J］．襄樊职业技术学院学报，2008（5）：40—41.

[7] 颜楚华，邓青云．构建校企合作长效机制的理性思考［J］．职业教育研究，2009（2）：60.

充分调动企业与教师参与高职院校协同育人的积极性

——基于深圳职业技术学院的协同育人实践

胡延华

摘要： 政校行企协同育人的过程中，有两个主要的参与者——企业、高职院校的教师。深圳职业技术学院为充分调动企业参与高职院校协同育人的积极性，采用了节日传温情、活动建感情、子弟给待遇、专家请进来、企业挂牌匾、合作给荣誉、平台促宣传、员工送培训、课题助攻关、联合报课题等十项措施。为充分调动教师参与高职院校协同育人的积极性，深圳职业技术学院主要从两方面做了努力：一是通过专业布置任务和社会服务工作量考核，让教师愿意走出校门，与企业协同，并形成了"十面出击"不断增加协同育人的合作企业数量的经验；二是通过宣传教育、示范引领、方法指导、政策激励、考核督导、文化熏陶、意识觉醒，让教师愿意把协同来的资源转化到育人实践中。

关键词： 校企合作　协同育人　企业参与　教师参与　积极性

作者简介： 胡延华，深圳职业技术学院产学研用促进处副处长、教授。

产教合作、政校行企协同育人是高职院校的核心工作，是提高高职院校人才培养质量的有效途径，是改变高职院校人才培养模式单一的基本手段。高职院校协同育人即通过高职院校与政府部门、学校、科研机构、企业、行业协会等机构、组织的优势互补式的密切合作中，将社会上丰富的资源引入高职院校的人才培养之中，提高学生的实践能力和创新能力，形成以高职院校为主、社会广泛深入参与的人才培养新机制、新模式。

政校行企协同育人的过程中，有两个主要的参与者——企业、高职院校的教师。在政校行企协同育人的政府部门、学校、企业、行业协会中，企业是学校以外协同育人最主要、数量最多的参与者，其参与直接决定高职院校培养的人才是否符合企业需要。外来的资源要转化到育人的过程中，最主要的是靠教师。因此，如何充分调动企业和教师的积极性，是协同育人能否成功的关键。

一、充分调动企业参与高职院校协同育人的积极性

深圳职业技术学院的各个专业已经同2000多家企业建立了密切的合作关系，其中不乏甲骨文、微软、海德堡、联想、华为、中远、中海、中兴、移动、电信等国际化企业或行业标杆企业。为用好这些合作企业，真正让企业主动、积极参与协同育人，学校在以下十个方面进行了努力：

1. 节日传温情

在元旦、三八国际妇女节、五一国际劳动节、五四青年节、教师节、国庆节、春节等重大节假日，学校统一印制节日贺卡，给企业领导、校企合作的项目负责人致以节日问候。在企业庆典日、企业重大活动日，学校送花篮或派师生代表参加。通过一年多次的节日问候，传递学校对合作企业的感激之情。在2013年10月31日中共中央纪委发出《关于严禁公款购买印制寄送贺年卡等物品的通知》后，我们改为通过电话、邮件的方式来表达节日祝贺以及不定期的登门拜访、学生实习时的走访等方式，保证热线联络、温情不断。

图1　学校每年举办与行业协会、企业专家的恳谈交流会联络感情

2. 活动建感情

在双方团队逐渐熟悉后，学校以自己的场地优势，通过联合举办羽毛球比赛、足球对抗赛、乒乓球友谊赛、登山、野游、烧烤等方式，在经常性的活动中建立私人、团队的感情，为协同育人增加润滑剂。

图 2　我校汽车学院教工足球队与协同育人企业宗正奥迪员工足球队交流

3. 子弟给待遇

对于深入合作企业的领导以及进入专业产学研用指导委员会的企业领导，学校在其子弟入学的录取、转专业方面，给予学校教职工的待遇，让合作企业、相关领导对深圳职业技术学院有家的温馨，在深圳职业技术学院需要协同育人时愿意鼎力相助。

4. 专家请进来

学校为来自企业的专家，根据其资历，颁发高级校事顾问、校事顾问、

图 3　来自协同育人单位的专家共同研讨港口与航运管理专业岗位职业能力

特聘专家、客座教授、产学研用指导委员会委员等证书，举行相应的聘任仪式，并不定期邀请企业专家来校研讨交流、授课、举办讲座，在相关报酬方面就高不就低。通过让专家实质性地参与协同育人，在协同育人方面做力所能及的事、提供必要的资源支持，也增强了企业专家参与协同育人的信心。一些企业家还主动为协同育人捐钱捐物捐软件、设立奖学金、在采购中给予优惠，也确实在一定程度上改善了学校的协同育人环境。

图4　学校聘请盐田国际副总经理姜宴生为客座教授并作学术报告

5. 企业挂牌匾

根据学校与企业合作内容的不同，学校与企业分别签署关于建立校外实习基地、大学生校外实践基地、产学研用基地等合同，并挂实习基地、实践基地、产学研用基地等由学校统一制作的牌匾，宣传企业的社会责任。

图5　学校向亚克西和田玉交易中心、天成投资集团有限公司分授实习基地和产学研示范基地牌

由于深圳目前的政府课题都需要有产学合作的实践，产学合作的合同或实习基地、实践基地、产学研用基地等牌匾就成为合作企业申报政府课题的门槛性证明。企业为学校提供协同育人的支持，学校也为企业申报课题提供了便利条件。

6. 合作给荣誉

在深圳职业技术学院校庆、示范校建设验收总结以及每年的校企合作座谈会等重要场合，学校都会组织优秀合作企业、优秀基地、产学研用协同育人特殊贡献企业等项目的评选，为入选企业颁发优秀合作企业、优秀基地、产学研用协同育人特殊贡献企业的奖状、匾牌。同时，对一些合作时间长、协同育人效果突出的企业，学校还优先推荐成为团市委、团省委乃至团中央的“青年就业创业见习基地”。

图 6　学校申报的深圳“青年就业创业见习基地”在团市委集体授牌

7. 平台促宣传

企业入选团市委、团省委乃至团中央的“青年就业创业见习基地”后，各种媒体会进行专题的宣传。学校也建立专门网站，宣传合作企业协同育人的先进事迹。

参与学校教材编写、审定的企业及相关专家，在教材封面、序言中都能够得到体现，企业的相关经典案例也能在教材中体现，让企业美誉度随着教材的应用而广泛传播、不断提升。

参与学校资源库课程建设的企业，如参与物流管理专业的深圳中远物流、招商保税物流，在全国示范校 6 周年建设成果展上，作为物流营销国家资源库建设的参与单位，通过展板在天津的国家级平台上向全国观众亮相，促进了企业的品牌宣传。

图 7　深圳中远物流、招商海运物流借助学校登上全国示范校 6 周年建设成果展

学校的每个实训室在专业文化宣传上，为部分深入协同育人的企业制作了展板，企业理念、企业 LOGO 每天潜移默化地影响着学生，也在大量的同行参观学习中扩大着品牌的影响。

一些企业为强化协同育人，在学校建立了订单班。学校一方面为订单班的开班进行媒体宣传，另一方面，在校内悬挂横幅、制作展板、易拉宝等，以宣传企业。

图 8　中环运实业有限公司在订单班课堂拉横幅、贴宣传语、树易拉宝宣传

8. 员工送培训

如果企业在协同育人方面为学校做出了贡献，学校也会在企业用人、员工培训、员工学历提升等方面为企业提供服务。学校甚至还通过学生顶岗、员工轮训的方式，为企业提供送上门的员工培训服务，或利用学校丰富的培训资源开展员工培训。在提升企业员工学历方面，学校自2002年起就与ASM Pacific Technology合作，合办机电一体化、计算机辅助设计与制造专业业余大专班，先后将该公司的800多名员工培养成大专生，绝大部分成为公司的业务骨干，有效提升了公司的管理水平和竞争力。

图9　学校为盐田国际的员工上门培训

9. 课题助攻关

对于一些深入参与协同育人的企业，学校还利用自己的师资优势提供横向课题、咨询服务，帮助企业解决技术开发、经营管理等方面的问题，助力企业发展。截止2013年底，学校为近400家企业开展横向课题服务1082项，到账经费1.13亿元，科研成果转化收入达到2364.31万元。在横向课题服务的基础上，学校教师获得国家专利授权456件，软件著作权登记76件。以扎实的应用研发为基础，学校2002年以来连续11年获得国家自然科学基金项目，2007年以来连续6年获得国家社科基金项目。

10. 联合报课题

在协同育人之外，学校还联合相关企业申报各级各类课题。学校先后承担各级各类项目 2528 项，科研经费总量累计达到 2.46 亿元，其中绝大部分为联合企业申报。课题既包括教学研究课题，也包括各种科技攻关、社科基金、软科学、文化宣传基金课题。这些课题研究成果，反过来又促进了人才培养，形成一个良性的循环。学校还实施了创新型项目课程，让老师把课题中能够让学生参与的部分拿出来，指导学生做，给老师课时，也给圆满完成任务的学生学分。这一措施也成为协同育人、科研育人的创新举措。

二、充分调动教师参与高职院校协同育人的积极性

协同来的资源只有通过教师的转化，才能应用到育人中。充分调动教师的积极性，才能让教师愿意走出校门，与企业协同，让教师愿意把协同来的资源，转化到协同育人的实践中。

1. 通过专业布置任务和社会服务工作量考核，让教师愿意走出校门，与企业协同

在当前中国校企合作的财政、税收、金融配套政策尚难落实的情况下，企业对参与协同育人的积极性不高，高职院校寻找愿意协同育人的企业的难度较大。但协同育人又是高职院校培养社会需要的技能人才的必需手段，所以，深圳职业技术学院在实践中实行了“双十工程”——教师寻找协同育人的企业，从态度上要“十分主动”，从方法途径上要“十面出击”。教师完成建立协同育人的合作企业的任务，既是专业建设的基本任务，也纳入社会服务工作量的考核。

“十面出击”包括：

(1) 专业筛选企业后派教师走访

各专业根据对行业、企业的了解，圈定应该建立协同关系的企业名单，分派专业教师前往走访接洽。

(2) 专业教师每学年 2 家的长期任务

为加强校企协同育人，学校规定：专业教师每年下企业的时间不能低于 12 天。部分专业还向教师下达了制度性的任务：每学期至少牵头与 1 家企业签署校企合作协议。

(3) 教师科研调研中的顺带沟通洽谈

专业教师每年承担的课题需要下企业调研，在调研的过程中，专业教师

可以顺带提出建立合作关系的要求，如果企业愿意，就可以签署相关协议。

（4）教师指导学生在顶岗实习中完成的基本任务

学生在第6学期下企业前，专业发给学生两份校企合作协议和企业兼职教师协议，交代给每个学生两个任务：一是与顶岗实习企业协商，能否签署校企合作协议；二是与自己的企业导师协商，如果企业导师具备本科学历，是否愿意做专业的兼职教师？一般情况下，学生能够在专业教师的指导下完成这两项任务。

（5）学生就业后的教师拜访

如果学生毕业时未能与就业的企业签署校企合作协议，在学生就业后，专业会委派辅导员、教师前往拜访，了解学生就业情况的同时，再次提出建立合作关系的请求。

（6）专业通过政府、协会达成批量合作协议

政府部门、行业协会有时出于促进校企合作的目的，主动牵线搭桥。这种情况下，专业可以批量地与企业建立合作关系。

（7）教师热情接待自动找上门的企业合作者

由于学校的社会影响越来越大，加上部分专业的社会服务开展得轰轰烈烈，一些企业会主动找上门来或电话咨询。专业教师可以借此机会，提出建立合作关系的建议。

（8）教师通过亲朋好友的推荐

在合作企业特别少的情况下，可以通过发动亲朋好友的方法，请他们代为寻找合作企业。

（9）教师牵线与原就业企业建立协同育人关系

学校的部分老师来源于深圳企业。这部分老师可以利用自己曾经工作的关系，与原就业企业建立协同育人关系。

（10）教师通过展会、年会接洽企业

深圳有发达的会展产业，几乎每个专业都可以找到对应的展会。通过拜访参展行业企业、利用展位宣传接洽行业企业，可以逐步扩大合作企业数量。

深圳的行业协会发展早，也比较规范。每个行业协会都会举办年会、培训会、交流会等。专业教师通过参与这些会议，也可以批量寻求合作的企业。

2．通过宣传教育、示范引领、方法指导、政策激励、考核督导、文化熏陶、意识觉醒，让教师愿意把协同来的资源转化到育人实践中

（1）教育：协同是育人必需

正如其他新鲜事物的出现一样，在协同育人的初始阶段，肯定会有一些人不了解、不支持，毕竟，过去一些专业关起门来培养人，也得过且过了。要争取更多人的支持、理解，就必须加大宣传、教育的力度。校内的研讨交流自然必不可少，送部分老师出去进行相关专题的培训、考察也有益于工作的开展。另外，建立协同育人专题网站、举办协同育人专题展览也可以尝试。只有通过宣传教育，让全体老师都充分认识到协同育人的必要性，全校的协同育人工作才能整体推进。

（2）示范：成功案例的引领

协同育人作为一种全新的育人模式，推广开来需要示范和引领。2013 年下半年，学校举行了 3 场全校性的协同育人专题讨论会，各二级学院举办了 42 场协同育人专题讨论会，一批在协同育人方面先行先试、做出了成绩的教师或团队在会议上介绍了经验。通过对这批成功案例的了解、学习，大部分老师知道了协同育人是什么、怎么做、如何做得有效果。

（3）指导：路径方法与方式

产学研用促进处作为学校协同育人的职能处室，在协同育人的路径、方法、方式等方面提供了科学的指导。在产学研用促进处的努力下，学校于 2012 年 11 月出台了《深圳职业技术学院关于实施产学研用协同创新计划的决定》《中共深圳职业技术学院委员会关于进一步加强管理干部队伍建设，促进协同创新与人才培养改革的意见》《中共深圳职业技术学院委员会关于进一步加强师资队伍建设，促进协同创新和人才培养改革的意见》，2013 年编辑出版了《产学研用 协同创新——深圳职业技术学院协同创新案例》《协同育人 合作发展——深圳职业技术学院合作企业访谈录》。产学研用促进处的领导还多次深入各二级学院，进行协同育人的宣讲和指导。这些文件、专著和宣讲，为学校开展协同育人提供了必要的、科学的指导。

（4）引导：政策制度的激励

学校建立协同育人专项课题基金、协同育人工作专项奖励基金，引导协同育人工作。其中，协同育人专项课题基金由各专业在协同育人实践的基础上申报课题，专家评审，学校立项资助。协同育人工作专项奖励基金由学校根据各二级学院协同育人工作专项考核的情况，分一、二、三等奖发放数量不同的奖金。

（5）考核：三级考核与督导

2013 年 9 月以来，学校产学研用促进处、职业教育与技术研究所就协同育人问题联合进行了专题调研。从调研情况来看，教师对具体制度完善的呼声强烈，认为制度性障碍已经成为制约“协同育人”工作开展的瓶颈，尤其是考核体系不能很好地服务于“协同育人”工作；人事制度上过份重学历轻能力，导致有能力协同育人的老师在考核、分配上敌不过会拿课题、发文章的学历型老师。另外，从企业聘请专家讲课的报酬要按学历给付，僵化的教学管理难以让学生有更多到企业上课的机会，也不利于协同育人的深入开展。鉴于此，学校拟修改人事制度考核方案，通过考核的指挥棒，引导教师践行协同育人。通过建立专业考核教师、二级学院考核专业、学校考核二级学院的三级协同育人考核体系，把以前纳入最软的社会工作服务量考核的“校企合作、协同育人”直接纳入教学管理环节，加大考核的严肃性和激励的力度，考核结果直接与奖金分配挂钩，从政策导向上引导从教师、专业到二级学院的各层次都重视协同育人工作。另外，在岗位竞聘、职称校内评审中，也把协同育人工作纳入考虑因素，促使教师个人重视协同育人工作。

（6）文化：不协同不好意思

当协同育人已经成为校园文化、学院文化、专业文化的重要组成部分，而且是最时髦的元素时，当协同育人的文化已经让每个老师都觉得“我不参与协同育人就显得我太不入流”“身处这样的环境，不协同都不好意思”“协同育人犹如逆水行舟，不进则退”时，协同育人的理念才算深入人心，渗入人行。

（7）自觉：协同促自我成长

由于目前高职学生的生源素质在不断降低，教师为了迁就学生的基础，只能不断降低课程的难度和考试的难度。长此以往，教师的教学水平、科研水平都会降低。如果教师能够通过校企合作，了解行业发展动态，并通过咨询、培训、课题攻关紧跟行业发展的步伐，水平就能够继续增长，自我也将得到提升和成长。如果我们的宣传教育能够让老师都明白这一道理，产生协同育人自觉，学校的协同育人工作无疑会在“众人拾柴火焰高”的群众氛围中登上新的台阶。

加强基于知识转移的协同创新研究

王文涛

摘要： 高校协同创新是技术、组织、制度、文化、等多要素、多部门的协同创新，是整合科技资源、提高创新效率、增强创新效益的重要途径，也是提高高校自主创新能力的重要模式。当前，高校协同创新亟待从知识流动、知识转移的微观角度进行全面深入研究，不断深化研究内涵。

关键词： 高校　知识转移　协调创新

作者简介： 王文涛，深圳职业技术学院产学研用促进处副处长、副研究员。

"协同创新"这一旨在促进高等教育与科技、经济、文化有机结合的国家战略，在庆祝清华大学建校100周年大会上第一次被胡锦涛总书记提出，并在2012年通过教育部、财政部联合下发的《关于实施高等学校创新能力提升计划的意见》[1]得以在高等学校中推行，同时，"协同创新"作为一种新的创新理论或创新模式同时被提出。然而，目前在国内关于协同创新的研究主要是基于企业或创新网络层面的，对高校创新研究的关注更多是停留在实践层面的呼吁和反思，理论研究不够深入，从知识流动的视角开展以高校作为创新主体的研究更是鲜有见到。以知识流动为视角，既拓宽了高校创新研究的空间，也丰富了高校创新的素材。以高校作为协同创新研究的主要对象，既丰富了协同创新的内涵，也丰富了高校协同创新研究的新内容和新理论。

一、加强基于知识转移的协同创新研究的现实意义

其一，协同创新作为一种新的创新理论或创新模式提出，时间不长。以知识流动为视角，既拓宽了高校创新研究的空间，也丰富了高校创新的素材。校企合作虽然已经为很多学者所关注，但是从知识流动的视角开展以高校作为创新主体的研究还未见。基于知识转移的协同创新研究一定程度上拓宽了协同创新研究的空间，为研究的深化提供了新的资源。

其二，目前关于协同创新的研究主要是基于企业或创新网络层面的，以高校作为主要对象的创新研究较少。因此，以高校为主要对象开展研究，既丰富了协同创新的内涵，也丰富了高校创新研究的新内容和新理论。另一方面，目前对高校创新研究的关注在国内更多是停留在实践层面的呼吁和反思，理论研究还不够深入。本研究对知识转移路径的分析一定程度上有助于理论研究的推进。

其三，传统的创新只注重单一要素的创新，如技术创新等，或只注重研发部门的创新，高校的协同创新应是技术、组织、制度、文化、等多要素多部门的协同创新。引入复杂社会关系网络作为分析高校在创新网络内进行协同的知识流动路径的分析工具，为协同创新提供了规范性标准和参照性方案，在一定程度上和一定范围内有助于高校更好的实现创新。

二、国内外关于高校协同创新理论与实践研究的现状

1. 创新与协同创新的研究

对创新的研究较为丰富，不仅对创新的内涵、分类、过程和要素有比较成熟和全面的认识，还对知识创造与创新、组织学习与创新、企业家（变革型领导）与创新有很多研究。对创新的范式演进的研究也很深刻并基本达成共识：创新的代际传承过程也是个体创新向系统创新、线性创新向网络创新的范式演进过程[2]。阿歇姆（Asheim）指出：创新的网络范式会降低创新活动中技术和市场的不确定性，加强多种知识源的集成和整合，密切企业与环境间的联系与互动，使企业有效地突破资源和能力的瓶颈[3]。

协同创新理论是在创新转向系统化、网络化范式的背景下应运而生的，

现有直接研究协同创新的理论尚不多见，和协同创新意义相关的研究大致可分为创新系统论、复杂性理论和协同论三类。这也是基于知识专业的高校协同创新研究的理论基础。

协同问题最早是在1965年安索夫（Ansoff）研究企业的多元化问题时提出的，其含义主要是指组织各事业部间的协同[4]。在2003年，朱祖平在总结了国内外几个对企业系统进行系统研究的典型模型的基础上，提出了企业协同创新系统概念模型。不足之处是该模型尚处于提出概念阶段，尚没有进行深入的理论论证和实证案例的验证，仍需进一步改进[5]。

目前，国外针对协同创新做的研究还较少，且主要是宏观方面的，研究的趋势中已经隐含了创新过程中企业内部各职能、各创新对象、企业与环境协同的思想。协同创新作为一种有效提高企业创新绩效的创新方式，已经逐步受到国内理论界、实业界的重视。国内理论界针对协同创新的研究较多，但是理论界目前还未达成对协同创新概念的共识。由于技术创新在企业中占有较高的地位，现有理论多集中于对企业技术创新的研究。因此，必须以系统的观点，从战略的高度和组合的角度来研究创新行为。

2. 高校协同创新的相关研究

协同创新成为整合科技资源、提高创新效率、增强创新效益的重要途径，成为提高高校自主创新能力的全新组织模式。“2011计划”的实施，既为国内一流高校提供了崭新的科技导向，也为地方高校服务区域经济、提升自主创新水平提供了新机遇。近几年来，地方高校协同创新与发展问题得到各方面的关注和研究。一些学者分别从学科建设、学科集群、共享平台、校所联合、校际联盟、校企合作、产业集群等方面探讨教法协同和优势互补的方式和方法，对其中的协同创新机制、模式[6]，面向社会需求的协同创新开放、融合原则[7]，以及强化高校协同创新的意识、人才培养、经济支撑、文化引领、专项支持[8]等方面进行了有益的探索。但是到目前为止，制约地方高校协同创新与发展的各种因素如领军人物、利益关系、条块分割、期望差异等并没有很好地加以解决[9]，高校协同创新的发展目标仍然没有能够得到很好的实现。应当说，地方高校协同创新系统成因、目标、机制、控制和管理复杂，用传统的管理方式加以推动的效果不是很显著，而且现有研究也没有把握住高校协同创新的本质。相比于以企业为创新主体的产学研合作研究、区域创新研究等等，高校创新主题的研究屈指可数，仅限于科技创新的创新平台或创新团队和方面，缺乏对学校整体层面创新的研究。鉴于此，基于知识专业的高校协同创新研究从知识流动的微观角度进行全面深入研究，深化了高校协同创新研究的内涵。

3. 知识转移对高校协同创新的影响研究

对知识转移的研究具有多面性，国内外关注的视角也有差别。国外的研究主要有知识传播、信息技术、组织行为和综合研究等几种视角[10]：知识传播视角主要从知识的编码、发送、传播、接收、解码的过程对知识传播的机理进行研究；信息技术视角主要研究在信息网络环境中，如何从技术上促进知识的有效转移；组织行为视角主要从个体行为与组织行为的角度，研究人们如何参与知识转移的行为动机、影响因素、激励机制等；综合研究视角则博采众长，用系统、全面的观点研究知识转移。现有研究中以人际关系为视角的知识转移研究不多见。我国主要是从个人、群体、组织视角研究不同层次间的知识转移，其中组织内部的知识转移倍受关注。近年来，有学者从社会网络关系视角来研究知识转移的机理。但国内的基础理论研究所占比例较多，而实践研究相对较少，在实际应用中的价值体现得还不是很明显；有些虽然关注过知识转移的案例研究，但视角较单一，在知识转移如何提高效率、为社会创造更多效益和价值方面分析深度不够。

对知识转移研究的内容主要侧重于知识转移的过程和模型、知识转移的影响因素、知识转移的机制等方面。通过现有文献的研究发现，以社会关系为视角来研究知识转移的文献并不多，专论这方面的文献更是甚少。早期的文献大多关注二元层次的关系对知识转移的影响或促进，其中重点关注的问题是两方联系强度与知识转移的关系。尽管二元关系是构成社会网络的基本要素，但毕竟无法反映复杂社会网络的全貌。因此采用复杂网络分析法能更好地了解和把握社会网络关系的动态变化，而不只是静止的社会网络分析。相比较而言，国外较为关注信息网络环境下的知识转移方式的变化，而我国这方面的研究较少，还没有丰富的理论基础；知识转移的研究大多局限于理论研究，虽然有大量的实证研究，但主要是研究各个领域的知识转移模式及其运行机制，而极少应用理论成果丰富和优化知识转移过程中的具体问题；知识转移的模式虽然较为完善，并有相关的实证分析，对于知识分类、知识显化等方面有较多的关注，但隐性知识转移存在的困难并未得到很好的解决；对知识转移的效率未形成定量的评价机制，不利于知识转移过程的优化。

三、加强基于知识转移的协同创新研究的主要方向和内容

1. 高校协同创新的内涵与特征

通过这一内容的研究，为高校协同创新提供操作性定义，可以尝试提出高校协同创新能力的 TMCS 空间模型，为项目的深入研究提供概念支撑，从而增加研究的可行性，提升研究的信度与效度。

2. 知识在高校协同创新系统中各层次间转移的过程分析

通过这一内容的研究，可以为高校协同创新研究提供前期基础，即剖析知识在高校内部各层次之间转移的基本内涵、一般过程和形态转换。

3. 高校协同创新的分析框架

这一内容的研究首先要明确高校作为创新主体的定位、组织模式设计、社会网络关系、可能的创新模式和创新的制度与文化等基本因素，提出研究的假设和研究模型，旨在说明高校协同创新的内在动力和发生机制。

4. 高校协同创新的实现：协同治理

这一内容的研究首先分析高校协同治理的演化博弈，在此基础上构建高校协同治理机制的实现提供制度保障。

5. 知识转移视野下的高校协同创新案例研究

这一内容的研究属于时间操作层面上的研究，通过对现有较为成功的案例调查研究，旨在厘清高校协同创新的成功是如何在当下相对僵化而又相对松散的管理体制框架下获得的，从而进一步探究知识转移视角下高校协同的运行机制。

参考文献

[1] 中华人民共和国教育部. 关于实施高等学校创新能力提升计划的意见（教技［2012］6 号）［Z/OL］. http：//www. moe. gov. cn/publicfiles/business/htmlfiles/moe/s6342/201408/xxgk_ 172765. html

[2] 吴青熹. 变革型领导、社会资本与协同创新组织学习的视角［D］.

南京大学，2011.

［3］技术创新理论［OL］. http://baike. baidu. com/link? url = eK_E9KIy4En7Ujup25iidGPFtPGh4mwjpCCAIikqORJ6sHm9kvCNEQJ4IgfhHe7U2nkFaAOPwEQUAjP3rxq2.

［4］协同创新研究文献综述［OL］. http://wenku. baidu. com/link? url = URo7Ku9tgGTg8ULPXZnb7Ffsr5avtRU0x70QpJfnlqFBVTXMKD2z8qxth4Fpnt-5IS0hzaWCgu7wJlDziS7mthCbkePIIqIpAWDO_ gitDJS.

［5］协同创新研究文献综述［OL］. http://wenku. baidu. com/link? url = URo7Ku9tgGTg8ULPXZnb7Ffsr5avtRU0x70QpJfnlqFBVTXMKD2z8qxth4Fpnt-5IS0hzaWCgu7wJlDziS7mthCbkePIIqIpAWDO_ gitDJS.

［6］罗维东. 高水平行业特色型高校在协同创新体系中的定位思考［J］. 北京教育（高教），2012（1）：8—10.

［7］季晶. 推进高校协同创新 提升科研服务能力［J］. 科教导刊（上旬刊），2011（12）.

［8］丁振国，黄少成，陈华文，李传芳. 引导高校协同创新 服务湖北经济社会发展［J］. 政策，2012（2）.

［9］李忠云，邓秀新. 高校协同创新的困境、路径及政策建议［J］. 中国高等教育，2011（17）.

［10］唐炎华，石金涛. 国外知识转移研究综述［J］. 情报科学，2006（01）.

高等职业院校产学研结合的典型模式述评

卿中全　韩奇生

摘要： 产学研结合是高等职业教育发展的必由之路。近十几年来，我国高等职业院校在实践中逐步形成了几种产学研结合的典型模式，本文对此作了简要评述。

关键词： 高等职业教育　产学研结合　模式

作者简介： 卿中全，深圳职业技术学院教务处副研究员；韩奇生，深圳职业技术学院招生就业办公室副主任、副研究员。

产学研结合是指高等院校、科研院所和企业密切合作，整合各方优势，共同培养人才，促进先进技术在企业的推广应用，加速科技成果转化为现实生产力，其根本意义在于面向市场、面向经济建设和社会进步的主战场[1]。因此，产学研结合是高等教育特别是高等职业技术教育发展的必由之路，这已成为人们的共识。我国高等职业技术教育自八十年代中后期起步以来，发展迅速，许多院校积极开展产学研结合的研究和实践，有的已取得一些阶段性成果，逐步形成了几种典型模式。本文对此作一简要评述。

一、“教学一生产”模式：校企合作教育

合作教育起源于19世纪初的美国，现已发展成为世界上许多国家特别是发达国家的一种成熟的职业教育模式（如德国的双元制模式）。这种模式有别于传统的课堂教学，注重学校教育与企业现场实践的结合，学校与用人部门共同育人，重点是培养学生的全面素质、综合能力和就业竞争能力，是目

前我国高职院校广泛采用的一种产学合作模式[2][3]。

“教学—生产”模式的校企合作教育主要有两种实践形式。

一是“n+1”教学模式。这种模式是把学习分为两个阶段，前阶段以校内培养为主，第二阶段即学生最后一年的学业在企业现场完成，由学校教师和企业具有丰富实践经验的技术人员共同承担教学任务（包括理论教学和实践教学）。郑州铁路职业技术学院是采取这种模式的典型代表。该校1999年开始与黄河机械厂、郑州铁路分局郑州车辆段等单位联合推行“n+1”教学模式并制定了相应的管理制度，受到学生和用人单位的普遍欢迎。学生认为，“n+1”教学模式将理论与实践结合在一起，使我们不但学会了专业技能，而且懂得了怎样去适应社会”，企业也在此过程中发现了人才，在学生完成学业后即将优秀人才招收进厂。

二是“交替型”教学模式。这种模式是指在整个学习过程中，学校教学和企业顶岗实践交替进行，实现理论与实践的结合，是目前采用最多的教学模式。例如，深圳职业技术学院每个专业每年依托企业开设10到15周的实践课程，占总学时数的1/4到1/3。学生在校内完成课程的理论学习和必要的实践基础训练，在企业顶岗参加生产实践。理论学习和实践训练交替进行，达到专业技能的熟练掌握。该模式有效实施的关键在于学校与企业建立良好、稳定的合作关系，共同建设稳定的校外实践基地，充分利用企业资源，特别是使企业的技术和管理人员有效参与到教学活动中来。目前，深职院的校外实践教学基地覆盖了所有专业和专业方向，每个专业都有3个以上校外实践教学基地，最多的达到8个。

“教学—生产”模式的最大优点是在人才培养过程中实现了企业和学校的双向参与，避免了教学与生产脱节。特别是由于企业的有效参与，教学最大程度地反映了行业岗位变化对人才技能培养的新要求，促进了教学内容、教学方法、高职人才培养模式的不断创新，保证了高职教育人才培养的适销对路。同时，学生到企业实践也促进了企业的生产，为企业创造一定的效益，甚至带来一些新的应用技术，互惠互利。因此，这种产学合作教育模式值得高职院校和企业的重视、大力推广、长期坚持并不断完善。

二、校内产学研结合模式：校企共建实训室

“教学—科研”模式是指高职院校与企业、科研单位合作建立校内实训

室，进行科研开发、实践教学和一定的生产实践，实现产学研的结合[4]。下面以深圳职业技术学院为例说明这种模式的运作。

深职院现共建有近30个校内实训室，其中很多是与企业合作建立、与社会联系紧密的。比如，深职院与联想集团合作建立了网络技术联合实验室，这是华南地区联想与高校建立的第一个联合实验室。深职院提供场地和网络环境，联想集团无偿提供软硬件设备，双方在技术研发、人才培养、信息化建设等方面进行合作，达到技术共享、应用增值的共同目标。

同时，近年来学院启动“亮点工程”建立了一批起点高、设备精良的高水准实验室，以适应积极开展面向社会的应用研究、开展学生科技活动和教学需要，其中部分亮点工程项目已投入使用并获得突破性进展。比如3S研究中心完成的“掌上卫星定位导航仪”项目在高交会参展，并同浙江001集团签定产业化开发协议，进入产业化阶段。

校内实训室也是开展实践教学、进行一定的生产实践的重要场所。深职院将校内实训室集中建设在工业中心园区，实训室接近实际职业岗位，能对技能训练提供仿真或真实的职业环境。例如，生物技术实训室的纯净水加工场、饮料生产线等，均严格按照企业标准建设并通过了有关部门验收，学生结合课程学习参加生产实践，生产的产品（如纯净水）面向学院各单位和社会销售。

国内很多高职院校都很重视校企合作共建实训室。上海市积极进行职业技术教育公共实习实训中心的建设，探索出一条政府扶植、学校自筹和企业赞助的“三位一体”的建设方式，得到美国、日本、德国、瑞士、香港、上海等地大企业的赞助。广州民航职业技术学院用于实训的飞机、发动机、导航、雷达等设备，都得到了民航企业和航空公司的大力支持。

这种模式的最大优点是优势集中，便于管理，效率较高，可以集中力量出一批科研成果，并尽可能转化为现实生产力。但是，从全国范围内来看，这种模式的功能目前还没得到充分发挥，多数高职院校的校内实践基地的主要功能还在于进行实践教学，在面向企业的应用研究、与企业合作解决企业实际技术难题方面开展得还不够。即使出了一些应用研究成果，转化为现实生产力的比率还比较低。当然，这与我国高职教育起步较晚、办学模式还处于进一步探索之中有关。笔者认为，由于高职教育本身的特点和要求，与普通高等院校相比，高职院校在基础研究方面处于劣势，应集中精力加强与产业部门、科研单位的合作，在应用研究方面实现产学研结合的突破。

三、产学研联合体模式

产学研联合体模式是指企业、高校和科研院所在自愿、平等、互利的基础上，共同建立集教学、科研、生产于一体的产学研基地或实体，包括工程研究中心、试验基地、联办企业等等。在发达国家，这是一种很成功的产学研结合模式，也是产学研结合的最高级、最紧密、最富成效的模式。在我国，依托高等职业院校建立的这种产学研联合体所占的比例还很低。但是，在市场经济条件下，这种模式代表了产学研发展的必然趋势。一些高职院校也在这方面作了有效的尝试，其中典型例子是永州职业技术学院农业高科技园。

永州职院征地5000亩建立起省级农业高科技园，并在园内成立了优质杂交稻、果蔬、优良畜禽、花卉苗木、优质水产品、医药等6个研究开发中心，为地方经济发展提供了人才支撑、技术支撑和龙头产业支撑。比如指导各县区及乡镇兴建集约化养殖场，提供优质鱼苗和果苗。近两年，该院引进和推广农业新技术30多项，每年为农民增收3000万元以上。同时，依托高科技园研究开发中心的技术支持，该院的校办产业也取得很好的经济效益和社会效益，年产值2000多万元，仅去年就先后举办23期短训班，培训各类人员2700余人。在2002年10月召开的全国高职高专产学研结合经验交流会上（湖南永州），教育部领导把永州职院这种产学研结合的高职教育发展思路赞之为“永州思路”。

产学研联合体模式的优点是充分实现了合作各方的优势互补，而且由于合作各方有共同的长远发展目标和利益趋向，合作关系比较紧密、稳固和具有长期性。但是根据这几年的实践，笔者认为，这种结合模式的有效运行特别需要政府的支持，建立的产学研联合体必须符合政府的政策导向，否则难以长期生存。同时，这种结合模式对管理的要求较高，必须要建立一套合理、高效的管理体制（比如推行现代企业制度、股份制等），以保证合作各方优势的充分发挥和实现责权利的统一，否则难以出效益。这也可能是我国高职院校中这种产学研结合模式所占比例较低的重要原因。

四、继续教育培训模式

继续教育培训模式是指高职院校利用师资和教学资源优势，为企业短期培训急需的人才，其具体形式有举办短期培训班、新技术培训班、工种培训班、专业进修班等等。例如，深圳职业技术学院专门设有继续教育部，与各系联合负责此项工作。生物系为深圳市中山公园举办的园林管理培训班、为深圳市思达艺术公司举办的艺术插花培训班等，都受到企业的欢迎和好评。

这种模式的特点是限制条件少，操作简便，周期短、见效快、形式灵活，目前也被高职院校广泛采用。

五、结语

应当指出，我国自1992年开始实施“产学研联合开发工程”以来，各地产学研结合正蓬勃兴起，形式多样，比如还有技术转让、合作开发等等[5][6]，要将这些形式作一个严格而准确的划分和归类很困难，本文将高职教育产学研结合归纳为四种模式，实际上这四种模式也是相互联系、互相渗透的，没有哪一种产学研结合绝对属于哪一种模式。应当看到，对于高职院校而言，无论采取哪种产学研结合模式，其核心是人才培养，只有紧紧围绕这个核心，产学研结合才能健康发展。

参考文献

[1] 范为启. 论高等教育的产学研模式 [J]. 内蒙古师范大学学报（教育科学版），2002（1）：15—20.

[2] 石火学. 产学研结合的典型模式述评 [J]. 高等教育研究，2000（3）：65—68.

[3] 管庆智. 开展产学研合作教育，培养应用型创新人才 [J]. 教育科学研究，2000（1）：21—26.

[4] 沈耀泉. 高职应用型人才培养与产学研合作教育 [C]. 海峡两岸高职（技职）教育学术研讨会论文集（2001 深圳）：596—601.

[5] 薛金梅，周英智. 我国产学研合作模式及相关问题研究 [J]. 山东医科大学学报（社会科学版），2000（2）：83—87.

[6] 杨伟军. 高职高专产学研结合模式的研究与实践 [C]. 海峡两岸高职（技职）教育学术研讨会论文集（2001 深圳）：625—633.

基于产学研合作的高职教育人才培养模式思索

徐冬冬

摘要：本文从两个方面阐述了当前高职教育产学研合作的现状，并从以立足区域经济发展需求为导向设置专业、调整专业方向，构建基于岗位能力模型的人才标准，建设动态合理、基于企业岗位能力要求的课程教学体系，加强高职院校师资队伍建设等四方面提出相应的改革对策。

关键词：高职教育　产学研合作　人才标准

作者简介：徐冬冬，深圳职业技术学院产学研用促进处讲师。

随着我国现代工业化经济的快速发展，培养适应经济发展的高技能人才的高职教育也进入到了一个新的历史阶段。高等职业教育需将人才培养、科技研发、企业成长、市场需求紧密结合起来，才能达到持续发展。社会经济发展面临着转型和创新，高职教育人才培养模式也必须转型和创新，否则，高职教育人才培养质量很难达到社会经济发展的要求。目前我国政府大力推进高校产学研合作协同育人，对于高职教育的转型与创新是一次难得的历史机遇。产学研结合的人才培养模式具有开放式办学的特征，让社会参与办学，既培养学生基础理论和专业知识，又对学生进行生产实际训练，是学校与社会共同培养“高素质技能型”人才的一种模式[1]。产学研合作协同育人对高职教育育人模式提出了新的要求，从人才培养目标的确定、专业建设、课程体系建设、师资队伍建设等方面都需彻底转变以往传统的人才培养模式，依靠产学研合作共同参与。

一、我国高等职业教育产学研合作的现状

1. 高职院校与区域经济发展需求结合不够紧密

教育部高教2006［16］号文件明确规定，高职教育以培养第一线需要的高素质技能型专门人才为目标。目前，高职教育存在的突出问题是技能型人才的培养还不能很好地适应我国经济社会发展的需要，与区域经济社会发展的需求、高速发展的行业需求结合薄弱。

首先，高职院校与行业标杆企业缺少有效的合作机制。校企深入合作是解决高职教育和行业、企业发展过程中一系列问题的突破口和关键点。目前已形成的高职教育产学合作，大多是学校主动寻求企业合作，因合作机制不健全、随意性强，并且自身的科技创新实力不强等因素，导致企业融入校企合作办学的积极性不高，合作的内容也仅仅是停留在提供生产实训设备、学生实训、实习基地及企业兼职指导教师的合作上。这种产学合作还是停留在浅层次的初级阶段，缺乏育人功能，参与区域经济发展的程度低，很难实现良性的可持续发展循环互动。因此，目前的产学合作距离带动、促进区域经济发展，提高高职院校师资队伍建设，培养高职学生综合素质和能力的深度、长效、共赢的合作还相差甚远。

其次，高职院校专业的设置与区域经济发展的人才需求脱节。在社会主义市场经济条件下，高职的专业建设应该是一种在政府调控下的市场需求驱动模式。实际上，很多高职院校没有认真分析所在区域产业背景、市场需求、行业发展，对专业发展的规划不到位，高职院校在设置专业时存在随意性，没有根据区域产业实际的人才需求状况及走向来设置专业，盲目、跟风设置较多的相同专业，致使专业同质化严重，而对提升区域经济发展的优势特色专业设置却明显不足，导致个别专业就业人数过剩，区域经济发展所需的人才却缺乏相应的培养。并且传统的专业教学计划、课程体系与教学模式不能适应高素质技能型人才培养。我国大部高职院校专业教学计划的制定缺乏弹性，一经制定，不再修改，不能根据区域经济发展需求而做出相应调整；采用陈旧的课程体系类似于普通高校以学科理论知识为中心，轻视实操训练，或单纯以技能为主；同时，我国大多数高职院校仍然按照以往的教学模式即以教师在课堂上讲授为主，学生被动地接受，很难实现以学生为本的教育理

念，忽视了学生的参与意识和创新意识，造成学生的依赖心理，不利于学生创新能力、动手能力的培养[2]。结果导致学生的综合素质不高，缺乏创造性，难以成为适应区域经济发展需求、综合素质高的创新型技能型人才。

2. 高职院校教师服务区域经济发展的意识和能力不足

高等职业教育培养的是高素质的复合型专门人才，这就要求一线教师不仅要具有教高的专业理论知识，更重要的是要具有强的专业技能以及良好的职业素养。然而，许多高职院校的一线教师是从普通高校毕业直接到学校工作，具有理论水平较高的优势，但生产实践经验不足，实际应用能力不强，实践教学水平不高，由此带来的教学、科研困境，在短时间内很难完成产学合作“双师型”教师的实际应用要求[3]。而直接从企业引进教师又会受到学历等很多条件的制约；同时，学校和企业之间实现深度、长效的合作还比较困难，很难达到真正意义的校企合作。因此，教师缺乏融入行业、企业的机会，不能深入地了解企业对人才需求的具体状况。高职院校具有“双师素质”的一线教师数量不足，不能完全满足高职教育对复合型人才培养的需求。

二、构建高职教育产学研合作的人才培养模式的思索

构建“知识+技能+素质”综合性的人才培养体系，加强区域产业需求与职业教育人才培养模式衔接的措施。随着高等教育的大众化，毕业生人数的增加，高职院校必须注重区域产业需求与人才培养模式的紧密衔接，全面提高学生的综合素质，才能在社会激烈的竞争中立于不败之地，才能真正适应区域产业的需求。

1. 根据区域产业发展需求设置专业，调整专业方向

高职院校应该立足区域产业需求，提高人才培养质量，引入行业的标杆企业的岗位能力模型，校企合作共建符合行业岗位需求的人才标准与认证体系，培养知识、技能、素质综合发展的，真正的社会急需人才。在进行专业设置和确定发展方向时，要充分开展区域产业发展和市场需求调研，认真分析产业现状及其发展趋势，及行业、企业对人才的需求，结合地方特点，科学地进行人才预测，以适应社会发展和技术进步，使专业设置更具针对性。请行业和企业等相关部门参与到专业设置及专业的发展和建设方案中来，确

保专业的设置和建设有据可依，建设真正意义上的社会急需专业。同时，专业建设是一个不断调整和完善的过程，需紧密关注专业设置与区域产业的对接，及时调整专业方向。

2. 产学研合作构建基于岗位能力模型的人才标准

根据校企共建的专业岗位需求的人才的标准来确定人才培养方案，培养真正意义上的社会急需人才。高职教育的培养目标是在获得普通高等教育学历资质的同时，具备职业、岗位的实际能力要求，使学生毕业后顺利融入岗位中。根据行业岗位需求的人才标准来开发职业资格证书，实现学历和职业资格无缝对接，提高学生的竞争力。

3. 建设动态合理、基于岗位能力要求的课程教学体系

"高职教育面向岗位的实际需要培养人才，不仅在专业设置上要贴近企业和社会需要，而且在课程设置和具体培养措施上要符合岗位的实际要求。"[4]高职教育课程体系的设置既要有利于培养学生的专业素质，也要有利于培养学生的整体素质，更要适应市场和社会、企业的需要。让专业的设置直接与职业岗位挂钩，瞄准某种职业并落实到具体岗位，并根据职业岗位需要的知识、技能和态度来确定课程内容，将原有知识体系重新组合，按照基于生产过程进行课程教学体系改革。同时，教材也要与岗位技术要求一致，并制定合理的教学管理机制，以行业岗位的需求变化为关注点，通过调查和分析，及时进行相应的修改和调整，建立动态合理的课程教学体系。

教育部发布 2006［16］号文件要求：高等职业院校要积极与行业企业合作开发课程，根据技术领域和职业岗位（群）的任职要求，参照相关的职业资格标准，改革课程体系和教学内容[3]。通过校企共同制定课程标准，共同开发项目课程，共同开展课程评价，最终实现。首先，校企双方对行业相关职业岗位群的职业能力要求和知识结构进行系统地剖析，并按照工作岗位与职业能力的要求，将行业企业的技术标准、职业资格标准融入课程标准；其次，将企业典型项目转化为学校项目课程教学，实现人才培养目标从工作领域向学习领域的转化；最后，请企业专家参与课程评价，确保从课程开发到课程实施达到教学目标要求，同时反应行业企业的技术发展与用人需求。

4. 加强高职院校师资队伍建设

高等职业教育的特殊性要求教师具备的"双师型"——高职教师不仅要

掌握理论知识，能胜任理论教学；要提高动手能力，能指导学生实训、实践；还要求教师参与企业相关研发工作，能帮助企业克服技术难题，开展应用性研发[6]。一方面，鼓励和支持教师到相关行业企业顶岗锻炼，以便了解行业最新技术动态、行业岗位的最新需求，通过和企业技术人员联合解决企业生产中的技术难题，提高本专业需要的实践能力；另一方面，通过人才引进、聘用兼职等多种途径引进行业、企业的一线专业技术人才，充实“双师型”教师队伍。通过校企双方的教师，把行业企业最新技术和人才的需求信息带进课堂，结合项目教学，让学生提前感受企业信息，增强学生的综合素质和技能，真正培养出适应市场需求的应用型技术人才。

三、结语

根据区域经济发展的需求，构建行业、企业全程参与的高职教育产学研合作的人才培养模式，是进一步创新职业教育理念，促进高职教育发展的必经之路。通过立足区域产业需求设置专业、构建基于岗位能力模型的人才标准、及动态合理课程教学体系，加强高职院校师资队伍建设，培养适应区域经济发展的具有创新能力的复合型高技能人才。

参考文献

[1] 段峻，黎炜．基于产学研合作的高职教育人才培养模式改革探索［J］．职业与教育，2011（30）：167—168.

[2] 付建国．高等职业教育人才培养模式与市场需求的衔接探讨［J］．学园（教育科研），2012（4）：57—58.

[3] 洪霞芳，刘锦莲．“1＋X”导师制应用型人才培养模式——旅游高等教育产学合作的选择［J］．继续教育研究，2013（10）：122—124.

[4] 刘洪一．中国特色高职文化的建构与实践［J］．中国高教研究，2008（12）：55—57.

[5] 教育部．关于全面提高高等职业教育教学质量的意见［Z］．教高［2006］16号.

[6] 丁金昌．基于产学研结合的高职教育办学模式探索［J］．高等工程教育研究，2012（4）：114—120.

携手名家　协同育人
——深职院“刘子龙蜡染艺术创意工作室”运行模式研究

金淑芳

摘要： 自协同育人理念提出以来，深圳职业技术学院结合本校办学特色，制定了“三育人”办学方略，深职院艺术设计学院“刘子龙蜡染艺术创意工作室”正是此办学理念的具体体现，本文系统分析了该工作室的组建、构成、运作以及发展思路，以此探索中国高职艺术教育协同育人的发展运行模式。

关键词： 协同育人　刘子龙蜡染艺术创意工作室　运行　创新

作者简介： 金淑芳，深圳职业技术学院产学研用促进处讲师。

2011年4月24日，胡锦涛同志在清华大学百年校庆上发表讲话时提出了“推动协同创新”的理念和要求，为我国高等教育推进协同创新、协同育人指明了方向。“协同育人是各个育人主体以人才培养和使用为目的，在系统内共享资源，积聚能量的有效互动。协同创新是协同育人的基础概念，涵盖了协同育人，协同育人是学校作为系统整合的主动方，把人才培养作为核心目的的协同创新模式。高职教育协同育人是一个系统的创新组织方式，其实施的关键是使影响协同育人的各个主体利用其资源，围绕高职教育人才培养这个主题进行有效合作，或者说，组建一个多资源、多功能的教学团队，共享学生的学习活动和学业成就，以期产生最优化效果。”[1]深圳职业技术学院艺术设计学院以协同育人理念为指导，结合艺术专业教学独特的教育属性，携手中国著名工艺美术家刘子龙先生创建“刘子龙蜡染艺术创意工作室”。该工作室的运作方式在全国蜡染艺术的学科建设与艺术创作领域均为首例，本文将就工作室的创建和发展过程中各协同主体所发挥的巨大作用进行深入分析，研究其组织架构和运行发展模式，这对于中国高职艺术教育协同育人教学模式的探索将具有一定借鉴意义。

一、引名家入校园，共建协同育人工作室实体

“协同育人的‘主体要素’包括学校、企业、行业、政府、研究机构、社会中介机构等”[2]，是以学校为育人主体，协同其他机构或个人所形成新的教学研发平台，各方利用各自的优势资源合作，同时实现各方利益的最大化。深圳职业技术学院艺术设计学院下属之“设计之都创意研发中心”是“刘子龙蜡染艺术创意工作室”得以创建的重要主体要素之一。该中心是由深圳职业技术学院设立的关于创意设计与创意文化产品的协同创新研发机构，旨在通过对国内最优秀设计资源的整合，建构出一座最具效率且富含国际化视野的创意设计与研发平台。在政府、学校、行业、企业的四方联动中，由专家、教师和学生共同组建设计项目团队并进行创作实践工作。为了使中心的工作富有时效性和学术高度，中心采用子工作室的模式进行运作，每个子工作室都由知名的设计师、设计教育家或设计机构领衔。该中心现已有七个创意工作室，而“刘子龙蜡染艺术创意工作室”正是中心重点建设的工作室之一。

刘子龙先生作为工作室构成的另一重要主体要素，是工作室得以成功运行的灵魂性人物，其在工作室教学、作品创新研发、蜡染艺术品牌推广等方面发挥着巨大的作用。刘子龙，曾任原中国科学院管理学院（现中国科学院研究生院）蜡染艺术研究所所长、教授。上世纪80年代刘子龙先生通过对传统蜡染工艺的反复试验改良，“利用新材料、新工艺突破了传统蜡染单色染色的局限性，创造出多色相、多层次、融汇中西各派造型特点的现代蜡染绘画艺术，其因此被誉为‘中国现代蜡染绘画之父’”[3]，是我国现代蜡染艺术研究领域重要的先驱性人物。工作室能够成功引进刘子龙先生领衔主持工作，为工作室的后期运作打出了强有力的品牌影响，确立了工作室在全国蜡染艺术研究领域的学术高度，并为蜡染艺术的创新推广和产业植入奠定了基础。

二、以学校政策为引领，打破专业壁垒，协同学院内部各专业力量复合育人

2012年下半年，深圳职业技术学院“率先提出了文化育人、复合育人、

协同育人的育人理念。‘三育人’理念主要是在解决育人的根本问题上倡导文化育人，在更新人才培养目标上进行复合育人，在育人的体制改革上进行协同育人”[4]。为了保障相关工作的实施，学校出台了系列以协同育人为核心的指导性文件，包括《实施产学研用协同创新计划的决定》《产学研用协同创新的实施方案》《加强复合式创新型高素质高技能人才培养改革的决定》《复合式创新型高素质高技能人才培养方案》等；2013年学校再次发布《文化育人创新行动实施纲要》，强调要深化“三育人”办学理念，彰显学校办学特色。一系列政策文件的出台为各二级学院变革人才培养体制机制指明了方向，提供了制度保障。

在学校政策制度的保障之下，艺术设计学院以高度的创新自觉推进协同育人，在“刘子龙蜡染艺术创意工作室”的创建过程中，该学院打破传统教学以专业为区隔的教学模式，跨越专业壁垒，通过对不同专业师生的遴选，形成合力协同育人。蜡染艺术并非艺术设计学院的传统教学项目，且由于其集工艺性和艺术性于一体的学科属性，与绘画、服装、陶瓷等不同艺术专业门类都具有一定的关联性，为了更好的借力各艺术门类的专业力量，共同研究蜡染艺术的创新发展，在工作室组成人员的形成过程中，该学院特意从油画、服装等相关性专业挑选出多名优秀青年教师配合刘子龙先生共同负责工作室的日常教学运作，并通过对学院各专业报名学生的考核选拔，最终确定了由十多位师生组成的工作室首期成员队伍。工作室多元化的专业队伍一方面为现代蜡染艺术的创新研发提供了不同专业视角的思维模式，另一方面为探索跨专业协同育人，培养具备综合艺术素养的创新型复合型人才做出了有益的教学实践。

三、协同政府资源，搭建更高平台，扩大学术影响

“刘子龙蜡染艺术创意工作室”在育人功能的基础之上还有一个重要的学术目标就是要传承中国千年蜡染文化，通过艺术创新，探索中国传统蜡染工艺艺术的现代化改良道路，不断推陈出新，开创蜡染艺术和相关产业在中国发展的新局面。这一目标完全符合深圳市自2003年以来所实施的“文化立市”发展战略和深圳市作为“设计之都”的城市定位。

为了扩大工作室的品牌影响力，建立更大更高的平台邀请国内著名专家

学者共商中国现代蜡染艺术发展大业。2013 年“刘子龙蜡染艺术创意工作室”通过申请获得了“深圳市宣传文化事业发展专项基金”支持，在深圳大学美术馆成功举办了“刘子龙蜡染艺术创意工作室作品展暨学术论坛”活动。“深圳市宣传文化事业发展专项基金”是专项用于扶持深圳市宣传文化事业发展和精神文明建设的政府性基金，资助对象是市各级宣传文化系统单位及社会其他宣传文化组织、团体或个人。“刘子龙蜡染艺术创意工作室”的发展定位完全符合该专项基金的资助要求，得到了市文化旅游局的大力肯定和支持。

展览共展出工作室师生在工作室成立一年多来所创作的作品 120 多件。其中，刘子龙先生的现代蜡染绘画艺术作品，以蜡染为基础加入多种材质和形态进行艺术创新，让人们看到了一种完全不同于传统民族蜡染工艺的抽象性当代艺术作品，他犹如一个色彩的魔术师，变幻出多姿多彩、和谐相融、酣畅淋漓的画面风格；而工作室其他青年师生则各自从不同艺术角度入手，将装置、油画、纤维纺织等艺术门类与蜡染艺术相融合，不断进行突破探索，形成别具一格的当代蜡染艺术表达方式。出席学术论坛参与研讨的嘉宾清华大学美术学院博导李研祖、南京艺术学院博导李立新、中国艺术研究院博导孙建军等人对刘子龙先生的作品做出了大力的肯定，更对深圳职业技术学院“刘子龙蜡染艺术创意工作室”的青年师生们表达了极大的期许。嘉宾们高度评价了深职院“刘子龙蜡染艺术创意工作室”对中国蜡染艺术发展所做出的具有开创性意义的举措，认为其运作模式在全国蜡染艺术的学科建设与艺术创作领域均为首例，它的成功运作，既具有学科发展的前瞻性意义又将占据中国现代蜡染艺术发展的领军地位。由此可见，正是在深圳市政府相关政策的协同保障之下，在深圳市大力发展文化产业支持文化创新的良好氛围下，为“刘子龙蜡染艺术创意工作室”的顺利运行提供了更高的发展平台，扩大了影响力。

四、以科研为引领，深挖文化内涵，科教结合协同育人

协同育人和协同创新二者相辅相成，互为补充，科教结合协同育人，方能实现育人的高标准。

“高职教育协同育人不是简单的要素相加，而是‘要素共融’，能够使要

素实现‘共融’的正是‘文化力量’。文化是无形的驱动力量和深层次的影响要素，如果各协同育人主体都能够以一种崇高的使命感和社会责任感在合作过程中整合、融通，就能够逐步形成共识的职业创新文化价值观，并使高职教育的人才培养工作达到事半功倍的效果。”[5]由此可见，真正促动各方力量彼此合作，组成协同主体的一个至关重要的因素就是“文化要素”。“刘子龙蜡染艺术创意工作室”能够协同各方资源实现共融的“文化力量”则是共同致力于中国千年蜡染工艺艺术的传承与创新，开拓蜡染艺术的现代化发展道路。所谓传承，正是要通过工作室的育人功能，实现蜡染艺术的学术化学科化发展；所谓创新，则是要通过工作室的科研功能，不断进行蜡染工艺技术和艺术手法的现代创新。

随着全球化时代的来临，保护和发展民族传统文化与艺术日益成为各国进行文化传承时所形成的一种共识。蜡染艺术作为人类传统的印染工艺，其在中国的发展源远流长，迄今已有2500多年的历史，在我国西南少数民族地区尤为盛行。2008年“贵州蜡染技艺”入选国家级非物质文化遗产名录。而与此同时，蜡染技艺的传承却面临着严峻的风险。目前民间从事蜡染创作的艺人年龄较高，青年人较少。“许多经典的传统蜡染作品被买走，实物大量流失，传统的一些配方大多失传。许多蜡染图案背后所蕴含的象征意义、涉及的神话故事、古老传说都只有高龄老人知道。”[6]以往少数民族地区在封闭环境中通过长辈口手相传进行传统蜡染传承的方式已经由于人们生活方式的改变和现代经济发展的冲击而难以为继。

与中国当代蜡染青黄不接的发展状态形成极大对比的是世界范围内现代蜡染艺术的发展状况。“目前，蜡染艺术在西方国家不但受到许多艺术家、收藏家的钟爱，还由于它是一种艺术、手工艺和设计的较好的结合体，而受到许多艺术爱好者和青少年学生的青睐。在许多成人学院和爱好俱乐部，都开设有蜡染课程和讲座。同属东方的日本、印度尼西亚等国的蜡染艺术，也有悠久的历史和丰富的传统。但这些国家的许多蜡染艺术家却没有被传统所禁锢，而是以当代生活为基础，表达对现代文化的独特理解，创作出许多具有现代意味的作品和纺织品。日本的福本繁树就是有代表性的现代蜡染艺术家之一。”[7]而在印度尼西亚，蜡染艺术品更是被其上升至国礼的高度，被广泛运用于国际交流中，成为了印度尼西亚传统与艺术的象征。世界各国用他们的实践行动证明了蜡染已不应再简单地被看成是一种与现代生活格格不入的传统技术，它具备构成多种不同艺术观念和当代文化意味的创造性潜能。

通过中外当代蜡染艺术发展现状的对比，我们就不难发现，正是由于缺乏系统的学科性推广，而导致中国蜡染工艺艺术传承无门，发展无路，创新无力。要改变这种状况就必须改变以往中国蜡染艺术传承单纯依靠民间力量而缺乏广泛学术研究和学科发展的落后状态。因此，“刘子龙蜡染艺术创意工作室”运行的一个首要目标就是通过工作室的科研创新和教学实践，总结现代蜡染艺术的艺术特色、工艺技法和教学手法。一方面，从科研角度深入探索研究形成中国现代蜡染艺术研究成果专著和创新型作品；另一方面不断进行教学总结，逐步形成一套完善的适合于中国高职艺术教育的现代蜡染艺术教学学科体系和教材体系，为现代蜡染艺术在中国高职艺术院校的推广迈出重要的一步，这在中国蜡染艺术教育史上将具有至关重要的意义。

五、借力深圳创意产业力量，共创中国现代蜡染发展新方向

从另一角度反言之，要想顺利实现现代蜡染学科在中国高职艺术教育中的全面推广发展，其立足的根本必须是产业和行业发展的认同，因此秉承学校“政校行企四方联动，产学研用立体推进”的办学方略，寻求现代蜡染工艺艺术进入企业行业和实现产业植入的途径正是工作室运行和发展的另一个主体目标。

现代蜡染工艺经过不断的改良，已经成为一种完全不同于传统蜡染工艺的新兴工艺门类。从技法上来说，传统蜡染的主要方法是用蜡刀蘸蜡液，在白布上描绘几何图案或花、鸟、虫、鱼等纹样，然后浸入靛缸（以蓝色为主），用水煮脱蜡即现花纹。而通过刘子龙等人大胆的实验和工艺改良，现代蜡染在媒介材质上从单一的布面发展为多样织物、木材、皮革、陶瓷等；在艺术风格趣味上，一改单色调的传统蜡染花鸟动物纹、几何纹的民间纹饰图案，发展为多色调的现代性艺术表达手法。现代蜡染由于其极高的艺术趣味和独特的工艺技术，集艺术品和工艺品双重属性于一身，这就为现代蜡染的发展提供了更加多元的途径。事实上，由于刘子龙先生蜡染绘画作品独特的艺术感和设计感，已经被世界知名丝巾品牌邀请，将其作品运用于丝巾的图案设计之上。现代蜡染技术的改良为蜡染工艺进入服装纺织、壁饰、家具工

艺、陶瓷工艺等不同的设计行业门类提供了可能性。

深圳市经过30多年的产业高速发展，已经从原来的制造业发达城市变为今天创意与设计产业高度集群的“设计之都”。新的征程对城市发展提出了更高的要求，如何突破深圳城市本身文化底蕴相对薄弱的桎梏，引进利用中国传统文化资源，为我所用，为我创新，增强深圳本土设计品牌的文化内涵，同时为中国传统文化艺术的创新发展开拓一条新路，这是一个重要的学术、文化和产业课题。“刘子龙蜡染艺术创意工作室”协同各方力量，学研并进、以学带产，成功推出了“子龙蜡染”艺术文化品牌，并将以此为基点，深挖其作为中国传统民俗和大师艺术品的文化价值，借助深圳创意文化产业集群进行产业植入，将其多元化运用于服装、装饰工艺等产品形态上，开创中国现代蜡染艺术发展新路径，打造出属于深圳的中国蜡染艺术之花！

参考文献

[1][2][5] 徐平利. 试论高职教育“协同育人”的价值理念［J］. 高等职教，2013（1）：21—23.

[3] 梁瑛. 在深圳寻找千年蜡染的传承之路［N］. 深圳商报，2013-12-25（C02）.

[4] 李楠. 文化育人 复合育人 协同育人［N］. 中国教育报，2013-4-23（7）.

[6] 叶远锋. 浅析安顺蜡染传承与发展现状［J］. 大众文艺，2012（8）：181.

[7] 龚建培. 并列与延伸—现代蜡染艺术［J］. 装饰，2003（8）：39.

当前高职校企合作存在的问题及对策研究

李吉

摘要：校企合作是实现高职教育人才培养目标的有效手段和重要途径，是学校和企业双方共同参与人才培养的过程，需要多方积极参与，大力配合。文章着力分析了目前高职院校校企合作中存在的问题，提出了应采取的对策措施。

关键词：高职院校　校企合作　问题　对策

作者简介：李吉，深圳职业技术学院产学研用促进处助教。

校企合作办学是高等职业教育的基本特征和发展方向。《国家中长期教育改革和发展规划纲要（2010—2020年）》和《国家“十二五”职业教育发展规划纲要》明确提出：职业教育要把提高质量作为重点，以服务为宗旨，以就业为导向，推进教育教学改革[1]。实行工学结合、校企合作、顶岗实习的人才培养模式，调动行业企业的积极性。随着市场经济的快速发展和国家对职业教育的重视，近年来，高职院校校企合作取得了长足的进步，但在深度合作方面还存在一些问题。因此，有必要加强校企合作的研究和实践。

一、校企合作的必要性

1. 职教政策的指导和技能人才培养制度的创新

国务院《关于大力发展职业教育的决定》明确提出：“进一步建立和完善适应社会主义市场经济体制，满足人民群众终身学习需要，与市场需求和劳动就业紧密结合，校企合作、工学结合、结构合理、形式多样、灵活开放、自主发展，有中国特色的现代职业教育体系。”学校只有树立为企业服务的理念，与企业合作，开展多种形式的办学模式，才能促进教学方法的变革，带动教学设备的更新，加强师资队伍建设，提高学术适应社会的能力，提升综合办学能力，给学校带来良好的经济效益。

校企合作是技能人才培养制度的创新。校企合作培养制度继承传统的师带徒模式，重技能训练，重培养质量；也继承企办校制度重理论与实践相结合，强调技能特色，重视学生顶岗实习等。校企合作办学在发扬它们长处的同时，结合市场经济时代企业对技能人才需求等实际，增加了一些新的内涵，具有鲜明的时代特点；校企合作是学校与企业两类不同社会组织的结合。学校与企业的关系，本质上是教育与经济的关系。延伸与提升这一关系，深化为合作状态，就明显地使校企合作成为教育与经济密切结合的产物。社会发展规律告诉我们，教育必须与经济发展相适应。教育在为经济发展服务的同时，以其自身特点影响经济发展。校企合作就是教育根据企业需求，主动适应并为企业服务的合作，它体现了教育必须适应经济发展，并为经济发展服务的规律；从国家经济发展大局及其对技能人才的需求看，建立这一制度具有迫切性。近几年来，全国各地发生的“技术人才荒”，特别是“高级技术人才荒”已成为制约经济发展的瓶颈。若不尽快解决这一问题，势必拖累全国经济社会发展。因此，加强和加快技能人才队伍建设对国家具有战略意义。

2. 学校生存和发展的需要

目前职业院校面临着严峻的挑战：一是经费紧张、制约学校发展；二是招生困难，生源质量下降；三是毕业生质量不高，就业安置不稳定。要想摆脱这种困难局面，就必须解放思想、大胆创新，开展多种形式的校企合作办学模式，才能赢得学校的生存和发展。

3. 企业职工培训的需要

当前，随着工业企业的迅速发展，企业招工困难，新招工人素质较低，生产能力下降，直接影响企业发展的需要。这些企业需要通过职工培训来提高工人的素质，但企业自身没有专门的培训机构和师资，需要与专门的培训机构特别是职业学校合作，以达到职工培训的目的。

二、当前高职院校校企合作中存在的问题

近年来，不少高职院校在产学研结合方面取得了长足进步，但目前很多高

职院校的校企合作还处于起步阶段，面临很多问题，主要表现为以下几方面：

1. 缺少相关政策的引导和支持

作为技能型人才的重要培养方式和途径，如果没有政府层面对校企合作的引导和支持，这种人才培养途径必将得不到有效保障。从立法来看，目前我国的《职业教育法》、国务院《关于大力推进职业教育改革与发展的决定》以及《关于大力发展职业教育的决定》等相关法律法规从宏观上对职业教育的地位、作用、管理体制等做出了规定，可都比较笼统，缺乏权威、完整的准则和规范及具体的可操作性的细则，尤其对企业参与职业教育的正向激励和刚性要求不明确，使校企合作在实际运行过程中难以得到真正落实。

2. 对校企合作办学理念认识不够

从企业方面，多数企业由于对校企合作缺乏战略思考和实践经验，出于对自身经济利益和生产实践等考虑，在校企合作中处于消极与被动状态，选择不参与或很少参与人才的培养，使校企合作最终成为企业对学校的公益支持或功利性的投资，继而校企合作陷于有无合作的状态。从学校方面，对校企合作的认识也不到位，存在着恪守固定模式关门办学、闭门造车等观念上的问题，把校企合作视为应付上级教育行政部门监督评估的权宜之计，合作不够积极主动，认为校企合作不过是偶尔聘请企业人员上课，或组织学生到企业参观实习，并没有把校企合作视为高职院校人才培养的重要途径。

3. 校企合作层次不够深入

当前，行业企业等参与办学的只占少数，高等职业教育的主题仍是由政府主办的各类公办院校，高等职业教育以学校内部运行为主，使校企合作停留在表面上的合作，运作程度偏低。不少学校开展校企合作仍停留在聘请企业专家上课，举办企业家报告会，送学生去企业参观实习等浅层次合作，校企双方还是两张皮，离互动介入、相互交融、深度合作、形成学校与企业的利益共同体还有较大差距。

另一方面，学校和企业一个是教育部门，另一个是经济部门，两个部门管理制度、运作机制、文化存在较大差异，还没有真正融合。虽由于人才培养的需要暂时走到了一起，但双方并没有从系统的观点通盘考虑，统筹运作，使企业运行与办学诸要素之间有机结合、相互作用，构成一个具有特定功能的整体，最优化地实现办学目标，在学生的培养模式、管理模式以及合作办学中的利益分配等问题上存在着分歧[2]。

同时，政府层面也缺乏对校企合作的宏观管理协调制度，缺乏对校企合作的监督与管理。

4. 校企合作发展不够平衡，合作质量欠佳

校企合作发展不平衡主要表现为中心城市的学校好于地市州的学校，工科类学校好于文科类学校，工程类专业好于管理类专业，另外，校企合作的地方特色、专业特色也体现不够等。

另外，从目前来看校企合作的重要内容是企业为学生提供实习的机会，但是，此方面的合作质量也并不乐观。因为校外实习基地建设与运行需要企业投入相应的人力、物力和财力，但在没有相应回报的情况下，企业经常会缩减学生实习岗位的数量和实习的时间，对学生的实习指导也大大折扣。为解决这些实际问题，学校会与更多的企业进行联系，试图为学生联系到实习岗位，这样到处寻找实习机会的结果就是学生实习时间和实习地点分散的问题，直接影响到学校对学生实习质量的监控。还有一个重要现象是学生实习岗位过于单一，实习内容太过狭窄，可能只是重复一些简单的劳动，无法深入了解企业的经营全貌。

5. 校企合作中重工作技能，轻职业道德教育

校企合作的根本任务和出发点是培养高素质技能型人才。但是，目前的校企合作中，重专业教育和技能培养、轻职业道德教育和轻育人倾向已经非常明显。很多用人企业反映高职毕业学生职业道德素质差，具体表现在：不能很好地遵守公司纪律、实践观念差、上班迟到、缺乏吃亏耐劳精神，不能跟同事进行良好合作、工作中不注重细节等。这些职业道德素质的缺失除了学生自身原因之外，还和校企双方过分关注岗位技能训练，轻职业道德素质教育有很大关系[3]。

总而言之，由于政策、环境、资源等的约束和限制，校企合作的探索还缺少实质性的践行和进展。

三、校企深度合作的对策思考

为了实现校企深度合作的可持续发展，笔者认为应从以下几个方面积极作为：

1. 政府出台相关政策，建立校企合作的共赢机制和管理体制

我国教育的宏观调控着眼点更多是放在普通本科院校上，高等职业教育是为国家和社会培养高素质技能型人才，其政策还不完善，缺乏配套的政策措施，处在一种自发和应付的状态，相关法规执行监督不力。高职教育的人事、业务、财务等部门分属不同的系统管理，相互之间的政策和法规不衔接；国家促进高职院校的校企合作、工学结合方面的体制和机制欠配套。这些都阻碍了高职院校校企合作的深入开展。

政府应该出台相关政策，给合作企业适当的政策倾斜，比如对合作企业实习基地给予适当资金支持、减免合作企业的税收等，建立校企合作的共赢机制，激励企业的积极性和主动性。同时，还要建立校企合作的宏观管理体制，地方政府要根据本地经济发展特点，规划本地区校企合作方向，为校企合作搭建平台，监督校企合作的落实程度，评价校企合作的成效，对于积极落实校企合作的项目、校企合作效果好的企业给予一定奖励。

还要通过立法建立实习学生的劳动保护制度，免除学生、学校、企业的后顾之忧。发达国家的职业教育法规完善，职业教育与校企合作的关系有章可循，有据可依，这些先进经验值得我们借鉴。

2. 引导社会观念，营造全社会重视和支持职业教育的氛围

我国“重仕途、轻技术，重学术、轻运用”的观念比较严重，高职教育的社会地位有待提升。家长望子成龙的观念和社会传统教育观念导致高职院校的学生在社会、企业不受重视，加上一些高职院校学生在企业生产一线不遵守劳动纪律，工作不安心，心浮气躁，经常换工作，导致他们在企业不太受欢迎。这些都直接制约了职业教育的进一步发展。

要积极向全社会宣传企业参与职业教育的社会责任。因为职业教育的特征决定了办好职业教育是多元因素的失联和相互渗透，需要跨领域的思想融合和全社会的支持，尤其离不开企业的参与和支持。企业在创造利润的同时，还要承担起对员工、消费者、合作伙伴、社会、行业和环境等的责任。政府也要从地区发展的高度出发，出台具体政策，建立和协调企业与学校共同培养技能人才的顺畅渠道，保证工学结合的顺利实施，形成政府主导、社会监督、行业企业与学校紧密结合的职业教育新格局[4]。

目前高职高校的实验条件尚不完备，缺乏“双师型”教师，教师的科研

能力和水平有待提高，影响校企合作的顺利开展。所以，高职院校的教师也要更新观念，要有主人翁精神，主动积极寻求校企合作机会，积极参与企业技术改造、项目开发，提高自身实践能力和水平的同时，帮助企业解决急需解决的技术、生产和管理难题，让企业切身感受到校企合作的互利互惠。

3. 统一思想认识，不断创新校企深度合作模式

一是高职院校要进一步解放思想，借鉴原有的校办产业（企业）、行业（企业）办学、校企股份合作等成功模式，贯彻“产学结合”思想，主动与政府、社会团体取得联系，争取广泛的支持，采取灵活的政策，研究探索校企深度合作的新模式，使企业积极接受校企合作[5]。二是遵循人才培养的宗旨，配合企业追求利润最大化的经济目标，深化教育教学改革，全面推进专业建设，创新校企深度合作模式。三是创建政府主导、学校协调、企业参与的联动合作模式，全面实施ISO9001：2000国际质量管理体系，促进校企合作的深度发展。

4. 加强校企合作内涵建设

要真正实现双赢，就应该在诚信、互惠的基础上不断加强内涵建设。校企合作双方要想达到理想的合作效果，第一，要注重专业、课程及人才培养规划。以企业生产活动和职业岗位能力分析为基础，在符合教育规律的基础上，开发与生产实际紧密结合的专业、课程和实训教材，与企业共同制定培养方案。第二，充分利用校内外实训基地。提高操作技能、沟通能力和团队协作能力，利用实训基地，使学生在实践中更快地掌握企业技术，熟悉企业文化，接受企业文化熏陶，培养职业素质。第三，注重校企融合，加强师资队伍建设，提升师资的整体技术水平。组织专职教师参与行业培训和企业挂职锻炼，还要外聘企业兼职教师到校任教，走多元化教师构成道路。

5. 加强社会服务，充分利用社会教育资源，实现校企双方互惠互利

从发达国家高职教育的发展过程来看，高职教育在职前准备教育阶段不仅具有技术定向的功能，在职后继续教育阶段还具备很强的技术提升功能，是现代终身教育体系中的重要组成部分。高职院校要积极探索学历教育与职后培训相结合的办学模式，利用学校的学习环境、教育资源和科研力量等优势，对企业员工开展培训，提供产品研发、技术攻关等服务。同时，要依托企业建立稳定的校外实训基地，实现校企双方互惠互利。

总之，校企合作是高职院校发展的必然趋势，是经济发展对高职教育提出的客观要求，也是高职院校生存发展的内在需要。高职院校要加强校企合作的研究和实践，建立校企合作的长远机制。

参考文献

[1] 教育部高等教育司. 国家高等职业教育发展规划（2010—2015 年）[Z/OL]. [2012-12-10]. http://www.worlduc.com/blog2012.aspx? bid=12224180.

[2] 夏英. 市场经济体制下校企合作机制研究 [J]. 中国职业技术教育，2007 (29).

[3] 石建，李仁山. 高职校企合作中存在的问题及对策 [J]. 北京市经济管理干部学院学报，2010 (6)：55—57.

[4] 雷久相. 高职校企合作的创新视角 [J]. 职业教育研究，2007 (4)：71—73.

[5] 陈宇晓. 高职院校产学研结合的切入模式. 产学合作教育研究与探索 [C]. 上海上海交通大学出版社. 2004：11.

校企文化
对接研究

珠江三角洲企业文化特点及其影响高职教育的实现路径探讨

张效民

摘要：改革开放30余年来，珠江三角洲企业伴随着改革开放战略的深入实施，迅猛发展，成为中国企业版图上的一片突出亮色。珠三角企业家得改革开放风气之先，具有较为广阔的国际视野和国际文化胸怀、强烈的忧患意识、顽强拼搏的坚强意志、突出的创新精神和慈善情怀。基于适应企业人才需求的培养方式，高职院校必须把企业文化引入自己的教育实践中，并使之成为高职教育的重要内涵。

主题词：珠三角　企业文化　高职教育　路径

作者简介：张效民，深圳市政协副主席、深圳职业技术学院副院长。

项目资助：本文是全国教育科学“十一五”规划教育部重点课题“职业教育校企合作中工业文化对接的研究与实验”之子课题“珠三角优秀企业工作价值观对职业院校职业价值观教育的渗透研究”（项目编号：〔2010〕CY0002）的研究成果。

引言

本课题研究珠江三角洲企业文化的特点及其对高等职业教育的影响及其实现路径，以期为高等职业教育的改革发展提供借鉴参考。研究思路是：从珠江三角洲企业产生发展的地缘、环境与文化渊源入手，研究珠三角地区企业发展的历程以及不同发展阶段的特质，总结其企业文化的特点；在珠三角企业发展的宏观背景下，研究企业文化对珠三角高等职业技术教育的影响及其实现形态，探讨珠三角高等职业技术发展的路径，提出政策建议，为新时期新阶段高等职业技术教育提供参考借鉴。

在我们的研究中，将会涉及到珠三角企业所处的特殊地缘环境、时代环境、社会环境，也将重点研究珠三角企业的文化特点，探讨珠三角企业文化所具有的独特性，以及这些文化特点对于高等职业教育的直接与间接的影响。在这里，拟将我们的研究所涉及的系列问题做一个概述，以便于读者能够对于我们的研究及其结论有一个整体的把握。

所谓文化，包括精神文化、制度文化、物质文化。文化的核心是人，有人才有文化；不同文化背景、不同地域环境中的人，体现出各自的特点；性格、文化背景各异的人在新的区域生存发展，固然不可避免地体现原有文化背景的特点，也必须要适应新的环境，这种适应的结果，也必然导致新的文化特点的产生，这种新的文化特点，就是文化融合和创新，以形成新的移民文化。

对于一个地区林林总总的企业来讲，每一个企业的文化，首先体现为该企业人的思维、观念、思想和行为规范的状态以及企业的管理制度，以及企业物质产品所映射出来的企业深层次的精神观念方面的特点。在企业中，企业的所有者和主要管理者具有一言九鼎的作用，他们的决策、行为能力和示范作用，决定了企业的生死存亡，也决定着与每一个企业员工利益紧密相关的工资待遇、职级升降；也必然对于企业的文化特点产生决定性影响。因此我们研究珠三角企业的文化特点的时候，自然就把这类产生决定性影响的人群作为研究、解剖的对象。但是从另一角度讲，一个企业家也必须把自己的思想观念、文化理想和审美态度通过自身对于企业的管理行为和企业的产品表现出来，必须要把个人的这些文化特点转化为企业全体员工的行为，体现于自己的产品与服务之中，如此才能称其为整个企业的文化。换言之，一个企业家必须使自己的思想观念、文化理想、审美态度转化为企业的精、气、神，成为这个企业共同的核心价值观，那么同时这个企业家就成为这个企业文化特点的形象代表。一个区域的所有企业不可能千企一面地体现出完全相同的企业文化形态。但是因为地域与社会环境的共性的影响，也必然会有区域企业共有的一些基本特质。我们把这些特质视为区域企业共同的文化特点。

在中国，作为技能型人才培养的摇篮，高等职业院校的建立和发展，是改革开放以来的新事物。三十余年来，珠江三角洲企业伴随着改革开放战略的深入实施，迅猛发展，对于技能型人才的需求也随之快速增加。与此同时，珠三角地区各级政府的决策者为了适应这种对于技能型人才的需求，建设了一大批高等职业技术院校。目前，广东职业技术院校已经达到80所，而且较为集中地分布在珠三角区域。从珠三角企业对于技能型人才需求的状况和职业院校对于技能型人才培养的角度来看，可以说，二者基本上是相适应的。

但是也应该清醒地认识到，随着科学发展观的深入落实，随着国务院批准的《珠江三角洲改革发展规划纲要》的深入实施，随着广东尤其是珠江三角洲区域产业结构的转型升级和现代产业体系的建立，随着一大批新兴产业的飞速发展和新型业态的诞生与快速发展对技能型人才的需求增加，同时也由于长期以来职业教育观念的文化缺失、对职业培养“技能型人才”定位的偏颇以及实践中的文化引领不足带来的问题日渐显现，专业课程设置与人才培养不相适应的问题已经十分突出。主要表现为能适应这个大的产业发展趋势，高职院校就会得到大的发展；不能适应这个趋势，高职院校就会萎缩甚至“死亡”。例如目前一些民办高职院校已经深感招生困难，就是一个先兆，必须引起高度重视。

为了适应这种挑战和发展需求，我们认真落实中共十七届六中全会精神和胡锦涛总书记在清华大学百年校庆大会上的讲话精神，吸取国内外先进职业教育理念，按照文化引领复合型高技能人才培养的要求，紧密把握珠江三角洲产业转型升级、现代产业体系建立对于复合型高技能人才的需求，积极吸取珠三角企业文化特点，深化校企合作，强化高职院校内生动力，促进高职院校深化改革，推动学校加速完成自身的自我革新，创新教育、教学模式和方法，培养大批适应现代产业体系、新型业态和社会建设所需要的复合型、高素质、高技能人才。这也是新形势下珠江三角洲高等职业院校必须完成的历史任务。

一、珠江三角洲企业文化的历史渊源及其特点

珠江三角洲企业产生于改革开放特殊时代背景下，伴随着国家改革开放的深入发展，三十余年来经历了1997年亚洲金融危机、我国加入世界贸易组织、2008年美国的金融危机和现在仍在持续的欧洲金融危机等重大事件，经

过几代企业家的努力，由无到有、由小到大、由弱到强地发展变化，珠江三角洲企业群成为中国企业版图上一片突出的亮色，由此带动珠江三角洲地区成为全国最具经济活力、可与长江三角洲经济区相提并论，并可争一日短长的重要区域。由于珠江三角洲企业产生的特殊背景与历史文化渊源等方面的原因，其形成了自身特殊的文化特点。

常常听到一些人讲珠江三角洲企业的发展，主要缘于其不可取代的地缘优势，这确实是有些道理的。但是，这个说法主要着眼于地缘经济因素，无视企业发展的文化因素，得出的结论因而显得比较浅表，不够全面。我们必须以更加宏观的历史文化眼光来观察珠江三角洲企业发展的历史文化背景和现实文化因素，才能得出较深入的结论。

这不仅仅是因为1840年鸦片战争的爆发，西方列强以大炮打开了中国的大门，带来了资本主义文化。更为久远的是：自秦始皇统一中国，建立大一统政治格局以来，广东地区一直是海上丝绸之路的重要起点和海外贸易的港口，自潮州起运的瓷器沿着海岸线远涉重洋，辗转到达欧洲，传播着中华的物质文明；广州自汉唐以来即开设代表中央政府管理对外贸易的市舶司；澳门、香港很早就成为中外贸易的重要口岸。最早一批走向世界的华人，就是从澳门口岸出发，在海外打拼，成就一番事业，从而吸引一批又一批华人去海外谋生发展，以致奠定了今天华人在世界分布的格局。今天我们还可以从历史典籍中、在文学作品中、在历史的遗迹中、在“南海一号”沉船中一窥历史上广东在海上丝绸之路文化交往中发挥的作用。由此我们可以说，正是在历史上广东人经过丝绸之路的对外贸易与走向世界的实践，使广东尤其是珠江三角洲地区企业具有了根深蒂固的开放、开拓的目光和强大的能力。从另一个角度说，由于海上丝绸之路的悠久历史，广东尤其是珠江三角洲区域也是中国最早接触、接受西方文明的地区。比之于中国内地许多地方，珠江三角洲区域接受西方文明和西方文化，可以追溯到两千年以前。这是广东开放文化形成的更为深刻的原因。

历史上，广东地处边远之地，在一些人的眼里，这里是蛮荒“化外”之地，毗邻海洋，远离政治文化中心，这也成就了广东地域文化的特异性。但是，我们还应该看到，正是由于广东地理位置比较僻远，历史上战争较少，反倒使开发较晚的广东经济得到较好的发展，加上海上丝绸之路的开通，促进了广东商业文化很早就繁荣发达起来。在中原等地发生战乱时，广东就成为内地人首选的移民地，一批批不同时期、不同族群、不同路径进入广东的移民，形成了一个一个移民文化圈，如客家文化圈、潮汕文化圈、广府文化圈等等，成就了广东移民文化的繁荣成熟，也形成了移民文化的鲜明特点，为广东文化增添了不可或缺的亮点。总之，广东的企业是以广东文化为基础而成长起来的。

总结广东文化的特点，一是其开放性；二是其包容性；三是多元性；四是其创新性；五是其坚韧性；六是其务实性[1]。广东文化的这些特点，显示出鲜明的移民文化和开放文化的特征，也深深地影响着现代企业尤其是珠三角企业家的成长，或者说，珠三角企业文化的特质中包含着广东历史文化的优秀的基因，并在新的历史时期中得到了前所未有的发扬光大，从而形成了珠三角企业文化的显著特点。

1. 珠三角企业家得改革开放风气之先，具有较为广阔的国际视野和国际文化胸怀

2012年3月《香港商报》刊发的一篇报道说："来自中国的格力电器形象片在被称为'世界十字路口'的美国纽约时报广场大屏幕亮相，吸引数十万各国游客注足观看，显示了中国企业搏击国际市场的强大决心。"报道介绍，这个成立于1991年的电器企业，1995年至今，格力冷气机产销连续17年位居中国同行业之首；2005年至今，连续7年位居世界第一；在全球拥有2亿用户；产品远销100余个国家和地区，在境外开设多家销售公司和500余家专卖店。格力电器总裁董明珠宣称：站在冷气机产业制高点上的格力，已经有了进一步开拓国际市场的决心和目标。在"世界十字路口"上演格力大片，则是向世界宣告，在全球经济风云跌宕的今天，中国的格力正准备逆市而为，在国际舞台上争夺更大话语权，提高中国企业搏击国际市场的信心[2]。格力此举，可以说正是珠三角企业走向世界的一个缩影。

研究珠三角企业群体，我们发现，这里的企业绝大多数均为外向型企业。首先，这里聚集大批直接承接国外订单的外向型企业，这和珠江三角洲区域是我国最早开放的地区相关，大批外资企业最早进入的就是这个区域，其产业形态最早也与"三来一补"企业有着直接关联。随着改革开放的深入发展，学习了外资企业各种经验的本土企业也发展起来，尽管现在珠江三角洲企业中"三来一补"企业还占有较大比例，但是后起的本土企业也逐步发展起来，而且抓住了我国加入WTO的战略机遇期而迅速地成长，比如格力、美的等家电企业。其次，一大批20世纪八九十年代发展起来的新兴企业，在发展中不断转型升级，并走向全国、走向世界，既发挥改革开放前沿地区产业对于内地的带动辐射作用，也扩大了中国企业在海外的影响力。

例如华为集团建立以后，即以国际化为目标，把占领国际市场作为一个十分重要的战略方向，从20世纪90年代末开始国际化战略布局，2011年销售总收入达2039亿元人民币，其中国内市场销售655.7亿元，国际市场销售实现1384亿元，国际市场份额占比超过60%[3]。这个数据距世界设备业榜首的爱立信仅差71亿元，在全球设备商中从2007年的第五位跃升为2011年的第二位。

再次，在改革开放后成长起来的一批新时代大学生为领军人物的企业的国际化特色更加鲜明。比如，马化腾所领导的腾讯公司，起家的主要业务是适应新时代人际交往需要的QQ群业务，目前使用QQ作为人际交往和个人信息交流工具的世界各地用户已达到5亿。

最后，一批留学归国人员在国内创业，以他们对世界前沿科技的熟悉理解，以及对国际规则的熟悉，使他们的企业无论是管理模式还是产品导向均具有明显的国际化特色。比如从美国硅谷回国创业的迅雷公司的创业团队，还有如光启高等理工研究院的刘若鹏带领的团队，其中外籍人士超过企业员工总数的一半，形成了名副其实的国际化创业、研发团队。还要指出的是，珠江三角洲企业家群体中，不少人手中已经持有在国外生活的绿卡，或者是港澳地区及其他国家与地区的移民身份。他们经常来往于世界各地，对于外部世界的了解相对深入，对于国际产业发展相对熟悉，这对于他们对国内企业的管理和产业发展方向的把握都起到了十分有益的作用。

2. 珠三角企业家具有强烈的忧患意识

忧患来源于对企业或者事业前途的敏感，来源于对可能造成企业或者事业发展损害的警惕。忧患意识其实是一种文化现象。广东历来以商业文化为其突出特点，缺乏制造业，经济依赖性大，世界任何经济的波动，都可能影响广东的经济。因此使得广东尤其是珠三角企业对于内外部环境高度关注，对于企业前途高度警觉。比如2008年年初，美国出现“两房”危机，当时内地不少地区在上半年基本未能感觉到危机的冲击，经济指标仍然强劲增长。但是在广东，珠三角企业尤其是深圳的企业很快就感觉到了美国“两房危机”带来的冲击。因此，政府在年初即出台对于企业的扶持政策，组织“百企行”为企业排忧解难；而珠三角企业也及时采取应对变现措施，成功应对了这次危机。

古人云：凡事预则立，不预则废。又讲“居安思危”，讲的是对于自身处境要有长远思考和战略安排。没有长远思考和战略安排，则很可能临事而乱，乱而必危。这就是忧患意识。对于一个国家如此，一个企业也如此。我们研究珠江三角洲企业，发现一个共同的特点，就是都具有十分强烈的忧患意识，就是对于自己企业未来在国际国内的激烈竞争形势具有充分的戒惧之心，对今后可能面临的不利局面有较为妥善的应对之策。比如，2002 年前后，华为公司已经是一个年销售 200 亿以上的大型国际化企业了，国内各种荣誉接踵而来。但是，华为公司的掌门人任正非却在这样一片大好形势中，发表了在当时社会上具有振聋发聩意义的著名文章《华为的冬天》，向企业及其全体员工发出了警示：如果按照现在的发展模式，华为的冬天可能马上来临，华为的竞争优势可能很快丧失。原因就在于，华为当时并没有多少核心技术，在激烈的世界市场竞争中，必然受制于人，必然会处于劣势。后来的事实证明，华为的认识和随之而采取的一系列加大自主研发力度、实施国际化战略的决策是正确的。现在华为已成为我国企业走向世界的领头羊，在全球几乎所有国家都占有市场份额。其根本原因，就在于华为的忧患意识使得企业居安思危，因此立于不败之地。

对此，中兴通讯的决策者们也深有同感。中兴通讯总裁史立荣在接受《人民日报》记者采访时说：“为什么要在知识产权上投入这么大精力，因为大家都深刻知道它对一个高科技企业来讲意义有多大。知识产权的缺失会让一个公司转瞬之间就消失。比如知识产权的赔偿额度在美国动辄是上千万美金，甚至过亿美金的判例也不少。因此中兴通讯在 2005 年之前就已经确定的知识产权战略，中兴重视知识产权工作实际上在上世纪 90 年代中后期就已启动。不是我们先知先觉，而是企业发展之初就是靠创新来驱动发展的。我们每年坚持将销售收入的 10% 用于研发，金融危机时候也不减投入。这个比例在全球范围内来看也非常高。而且我们是十几年如一日一直坚持这样的投入。”[4] 与此相同，占有巨额市场股份的腾讯公司首席执行官马化腾也对企业的发展前景怀有深重的忧患。他认为：“危机永远存在。”在这种思想指导下，腾讯于去年开始实施开放平台战略，以吸引众多富于创造力的第三方开发者，进而满足海量用户的各种需求。这是腾讯面临新的竞争形势下采取的一种战略应对措施。此举表明，互联网产业已经走出圈地为王的“草莽时期”，新的游戏规则和生态系统正在建立[5]。正是这种忧患意识，使珠三角企业家们能够敏锐地发现企业所面临的现实的和潜在的危机，及时调整战略规划，有效地应对危机，使企业保持旺盛的活力，从而立于不败之地。

3. 创新是珠三角企业文化中最为突出的文化精神

企业的创新精神和创新能力是企业发展的核心竞争力。珠江三角洲企业高度重视企业创新精神和创新能力的培育。具体体现在：珠江三角洲企业这些年来非常重视技术创新，经历了从引进吸收创新到集成创新，以至自主创新的过程。新世纪以来，珠江三角洲企业自主创新能力得到了长足的发展。珠江三角洲企业重视创新人才的引进和培育；重视科研经费的投入；重视科研机构的建设；重视与国际国内科研机构的联系与合作；重视知识产权战略的实施。2011 年，发明专利授权量达到 172113 件，同比增长 27.4%。其中，国内专利权人发明专利授权 112347 件，占总量的 65.3%，比上年增长 6.3%。由此可见广东企业尤其是珠三角企业所体现出来的强大的创新精神和创新能力[6]。

2011 年，世界知识产权组织公布了 2011 年全球专利申请情况，中国企业中兴通讯凭借 2826 件国际专利一举超越日本松下的 2463 件，跃居全球企业国际专利申请量第一位。华为以 1831 件位居第三。截至目前，中兴通讯国内外专利（申请）规模已超过 4 万件，已经授权的国内外专利超过 1.1 万件，成为全球通讯产业主要专利持有者之一，所持有专利 90% 以上为具有高度权利稳定性和技术品质的发明专利，包括众多覆盖国际通讯技术标准的基本专利，以及覆盖通讯产业关键技术的核心专利。其中，中兴通讯 4G LTE 基本专利数量已经占到全球通信厂商的 7%，成为世界知识产权申请量最大的企业。而之所以取得这么多专利，源于中兴通讯力争“世界第一”的理念，源于在这个理念之下的大力投入。据介绍，近 3 年来，中兴通讯投入的研发经费已经达到 200 亿元。这显示“全球创新活动正从北美和欧洲向亚洲转移”的趋势，也反映出中兴、华为两家中国通讯企业陆续取代全球其他几家国外竞争对手市场份额的态势。

以地处珠江三角洲核心地带的深圳为例，这些年来 90% 以上的科研经费来自企业；90% 的科技成果产生于企业；90% 的科技人才在企业；90% 的科研机构在企业；90% 的专利技术产生于企业。这种状况居于全国首位，表明珠三角尤其是深圳企业对于科技创新的高度重视。珠三角企业还具有一个重要的特点，就是十分重视科技成果的转化，重视科技创新技术的产业化、市场化。以光启高等理工研究院和华大基因公司为例，光启高等理工研究院成立至今只有一年时间，却取得1000余件国际专利，实现产业转化价值1亿以上；华大基因是一家以基因研究及其成果转化的研究型企业，经过5年多的时间，华大基因研究取得累累成果，已经在基因研究领域居于世界前沿地位。同时，作为一家民营高新科技企业，他们在高度重视知识产权申报保护的同时，也高度重视成果的产业化。去年华大基因实现产值3亿余元。深圳申请国际专利连续6年全国居首，体现出深圳企业强大的创新能力，而国际专利的大幅提升，则表明深圳企业在国际化道路上所投入的资本与能力的提升。而2011年10月开始量产的华星光电至2013年5月4日，出货量已达100万片，申请专利576项，且绝大多数为发明专利。*

---

* 以下材料可以从另一个角度体现广东企业尤其是珠三角企业的创新能力：2011年，我国发明专利授权量排名前十位的省份（不含港澳台）分别是：广东18242件、北京15880件、江苏11043件、上海9160件、浙江9135件、山东5856件、四川3270件、辽宁3164件、湖北3160件、陕西3139件。

2011年，我国发明专利授权量排名前十位的城市（不含直辖市）分别是：深圳11826件、杭州4509件、南京3457件、广州3146件、西安2738件、武汉2585件、苏州2486件、成都2403件、无锡1819件、长沙1767件。

2011年，我国发明专利授权量排名前十位的国内企业（含港澳台）分别是：中兴通讯股份有限公司3178件、华为技术有限公司2751件、鸿富锦精密工业（深圳）有限公司862件、中国石油化工股份有限公司587件、杭州华三通信技术有限公司481件、友达光电股份有限公司471件、比亚迪股份有限公司453件、大唐移动通信设备有限公司367件、中芯国际集成电路制造（上海）有限公司364件和英业达股份有限公司320件。

对于专利，中兴通讯的决策者认识到："专利质量才是我们真正追求的核心目标，获得高质量的专利是我们知识产权行动的准则。作为企业，其实我们做的每一项专利都要耗费掉很多的资源和成本。因此我们对每一个专利的申请都是本着精益求精的心态去操作，对质量追求的理念是非常明确的。"

中兴通讯获得过4个中国专利金奖，12个优秀奖，在中国的通讯企业中是最多的。这也证明了我们专利质量比较高。另外我们很多对外专利许可的成功案例也要靠专利的质量支撑。你的质量不高，没人去要你的许可。

中兴通讯现在在全球的专利拥有量已是跨国公司主流的数量级。未来知识产权的竞争一定是越来越激烈。不仅仅是数量上的竞争，更重要的是对未来技术知识产权的储备竞赛，大家都在做这样的储备以迎接未来竞争格局的变化。通讯行业中，少数几家中国企业的率先发展，可能起到对国内专利储备整体提升的带动效应。

截至2011年底，代表较高专利质量指标，体现专利技术和市场价值的我国有效发明专利拥有量达到351288件，首次超过国外在华发明专利拥有量，国内（不含港澳台）每万人口发明专利拥有量达到2.37件，充分显示了每万人口发明专利拥有量3.3件指标纳入国家"十二五"规划纲要对专利创造的显著促进作用。

2011年，我国共受理PCT国际专利申请17473件，同比增长35.3%。广东位居北京、上海、江苏和浙江之前，居于全国各省、市、自治区首位。实际上，这些专利的申请者百分之九十属于珠三角企业。

4. 慈善文化是珠三角企业亮点

珠三角企业家具有强烈的社会责任感和慈善之心。美国《福布斯》双周刊2012年3月30日文章称："中国和俄罗斯的超级富豪拥有慈善基金的比例最低。根据去年的报告，中国的超级富豪中只有7%的人设立了慈善基金，而俄罗斯的富豪中有26%的人设立了慈善基金。相比之下，美国、英国和法国的超级富豪中，半数以上的人拥有慈善基金。"[7]这似乎是说，中国的富豪们不具有慈善之心。其实这是误解。未设立慈善基金不等于不做慈善事业，只是中国的富豪们做慈善的方式与美英法等国的富豪们不同而已。至少珠三角的企业家是如此。当然，也应该看到，包括珠三角企业家在内的中国企业家投身于慈善事业也还有更大的空间，还需要继续发扬这种慈善精神。

事实证明，伴随着企业的发展，珠三角企业家的社会责任感和慈善之心日益增强。广东是我国非公有制经济最为活跃的区域之一。非公有制经济不仅成为社会主义市场经济的重要组成部分，也成为了广东省国民经济新的增长点，在推动经济增长、增加财政收入、活跃城乡市场、方便群众生活、缓解就业压力、维护社会稳定等方面，发挥了积极作用。珠三角企业家在发展企业、走向富裕的同时，继承和发扬中华民族传统美德，致富不忘国家，自觉回报社会，踊跃参与公益事业，解囊赈灾，捐资助学，扶贫济困，以实际行动树立良好的社会形象，受到社会各界的广泛赞誉。据中国慈善会的数据，来自广东的慈善捐款连续多年居于全国首位。上海《福布斯》中文版发布2011年中国慈善榜显示，全国100位上榜企业家（企业）2010年现金捐赠总额为81.2亿元，同比去年增长214%。其中，广东省23位企业家（企业）上榜，共捐善款187858万元，在全国各省（市、区）中列第一。据统计，这些年来来自深圳的慈善捐款达到25亿元人民币，使得深圳成为全国捐款最多的城市，这些善款，90%来自企业家。来自珠江三角洲企业家的捐款也在广东省对外的捐款中占比超过85%。

再以东莞为例，2011年，东莞市委市政府即把每年的10月25日确定为东莞慈善日，仅此1天，就募集善款近1.8亿人民币，捐款总额是2006—2009年东莞市慈善会所接收善款总数的2倍。其中民营企业家捐款占了近八成[8]。

有以上这些善举，首先是他们十分注重企业的社会责任，珍视自己企业形象，注重守法经营、依法纳税。他们把这些都视为是自己应尽的社会责任。

其次，珠三角企业家具有乐善好施、回报社会的情怀。每当国内外发生重大自然灾害时，这些企业家们都慷慨解囊，向灾区奉献出自己的爱心。他们认为：自己的企业是在改革开放后发展起来的，依靠的是党和政府的政策支持，也是来自全国各地员工辛勤劳动、共同打拼的结果，在国家遭受自然灾害困扰的时候，作为企业家，理当出把力、献爱心。再次是这些企业家十分关注弱势群体、困难人群，实心实意为他们提供帮助。如潮商房地产集团公司董事长马少福，为广东徐闻县人民医院捐建重症监护室；捐款为徐闻县800余名白内障患者解除了病苦；还为每一位白内障患者提供2500元慰问金。最近，他又为贵州金沙县、三都水族自治县捐献500台电脑，解决山区学生缺乏信息化设备设施的困难。对于这一切，马少福十分低调，他说，作为企业家，为困难人群提供帮助是应该的，是企业家的社会责任。还有珠三角其他企业家，都是慈善捐款的积极响应者。如碧桂园集团的杨国强、锦绣香江的翟美卿等一大批珠三角企业家均曾获得国家颁发的中国慈善企业的荣誉称号。这些事实表明：慈善精神已经成为珠三角企业家所推崇的文化精神。

5. 珠三角企业家十分注重内和外顺的和谐文化精神

或许是与广东的历史文化环境相关，珠三角企业家十分重视企业内部文化氛围的创造。一是注重为员工创造感情交流、思想交换的平台。据我们了解，不少企业都办有自己的刊物和网站。这些刊物与网站为员工提供相互交流的平台，也成为企业高层与普通员工沟通的工具。比如华为董事长任正非著名的文章《华为的冬天》，就是在华为公司内部刊物和网站上首发并产生巨大影响的。这篇文章成为统一华为全体员工认识，促进华为转型升级、迈向国际化经营的号角。许多企业还经常开展各类文化活动，以促进员工之间、员工和管理人员之间、员工和企业家之间的相互了解，以融洽感情，形成良好的工作氛围。二是创造企业自身文化，塑造企业文化形象。珠三角企业注重对企业形象的建设，注重企业自身核心价值观的形成和强化，注重企业发展愿景的展示。华侨城集团是国家大型企业集团，该集团十分注重自身发展历程经验的总结，注重企业发展规划的制定，使企业形成强大的凝聚力，企业的发展由此也获得了强大的文化支撑。三是珠三角企业尤其是一些大型企业十分注重企业与员工和谐关系的建设。尊重员工人格，关心员工的生活，保障员工福利，重视员工正当的需求。从建设员工宿舍，到提供文化娱乐设施，再到满足员工发展需求，这固然与当前招工难、政府的政策对于企业的引导紧密相关，但也与珠三角企业主动适应新的形势而加强和谐文化建设有着直接的关系。

同时我们也应该指出，企业文化固然是企业核心价值观的外在展现，但是不同企业的企业文化形态也因企业的不同性质而有所不同。就企业管理制度文化而言，外来的代工型企业，绝大多数强调的是严格管理和流水线作业。这种企业因其生产的性质所决定，依靠的是同一产品批量的流水线生产而产生效益，是典型的向严格管理要效益的企业。比如著名的代工企业富士康即是如此。以致在富士康发生大规模的员工跳楼事件之后，郭台铭宣布，2013年要以100万台机器人来取代人工生产。一批日资企业和韩资企业也是如此。笔者亲自考察过的一家日资企业的负责人对我讲过，在该企业务工的人员，一般3个月的流失率为90%。可见其严格的管理使员工极难长期适应。这些企业所奉行的管理经典是日本松下的管理模式。而许多文化类企业尤其是创意类企业，其管理也显示出自己的鲜明特点，这就是崇尚让员工自由地创造。这类企业的管理者充分认识到，文化创意需要的是自由的空间、自由的思想、自由的想象。有了这个自由，才可能产生创意，产生灵感。这类企业的产品是不能以流水线的生产方式来生产的。比如迅雷公司。这是一批留学美国后回国创业人员组建的软件公司。在这个企业里工作的员工具有高度的自由。企业不强调员工按时上下班，也不要求员工必须在自己的卡位上工作。企业在工作场地中开设咖啡店，设置休闲实施，员工在工作时可以饮茶、喝咖啡、进行休闲运动，甚至可以睡觉。迅雷的管理者认为，这正是适合他们这类公司的管理文化类型。他们认为：只有在这种文化氛围中，才能产生出他们所需要的创意，进而生产出为消费者所需要的产品。

珠三角企业家也非常重视与政府、社会的联系，努力为自己企业的发展争取和顺的外部环境。他们认识到，企业的发展离不开政府的支持、政策的支持。而要获得政府的支持，首先要企业支持政府，响应政府引导。现在许多民营企业和外资企业均已建立了工会组织，建立企业党组织，企业家注重政府对于自己与企业的评价，积极争取进入体制内，把能否在体制内的各类组织中任职视为政府对于自己贡献的认同，同时把体制视为表达企业利益诉求的平台，积极为自己取得体制内的身份，也把自己得到各级体制认同视为企业发展的政治保障，视为企业成功形象的一种外在的标志。这就是广东省各级人大代表、政协委员中较多企业家的原因，这也非常合理。

6. 珠三角企业家具有较强的竞争观念和能力，具有顽强拼搏的坚强意志

成功的企业家具有较强的竞争意识与能力，这是大家的共识。但是不同文化背景与区域的企业家竞争的战略、策略与方式却具有很大的区别。这主要表现在以下几个方面：

第一，是珠江三角洲企业十分注重效率。改革开放之初出现在蛇口工业区的著名标语“时间就是金钱，效率就是生命”就是珠三角企业讲求效益的标志。这个口号经过邓小平同志的肯定后，成为影响中国最为深刻的口号之一。

第二，是珠三角企业非常注重市场开拓。他们以犀利独到的眼光，观察市场、分析市场、研究市场、开拓市场、创造市场。以王坚创办糗事百科的故事为例。王坚 2001 年毕业于中国科技大学，曾担任环球资源网站经理，2005 年进入腾讯，先后担任过 QQ 邮箱产品经理，Q 吧产品经理，高级战略经理等职务。差不多在进入腾讯时，利用业余时间创建了糗事百科网站，之后又开发了“秘密”“起床大战”这样的非主流产品。主要是为网友提供匿名的讲述自己与他人“糗事”的网路平台。这一网站赢得了广大网友的支持，保有稳定的粉丝群体。据王坚介绍，现在每天向糗事百科投稿者达万条以上，经审核后能发表的达五六千条，能够被消费的也达千条以上。因此形成了一个很火的市场消费网站。王坚怎样想起要开发这样的产品呢？开发这个产品，其实源于王坚对于现代人心理需求的深刻认识和对于人性的观察与深刻分析。他认为：“随着城市化进程的加快，每个人的独立性和空间越来越小，心理压力越来越大。”快乐越来越少，需要有一个自己可以拥有的独立的隐秘的心理空间来释放自己现实生活、工作压力，去寻求快乐。压力怎样去释放、快乐怎样去获取呢？“日本发明随身听，有类似的背景，在拥挤的地铁中戴上耳机，就可以有一个自己独立的精神空间。这是难能可贵的。中国人更喜欢评书、相声这些娱乐形式，但这些娱乐形式的时间太长，糗事百科相当于是移动互联网时代的新娱乐手段，因为内容真实，减压效果更好。”从人的本性着眼来考察，“快乐就是要建立在别人的痛苦之上”，“看别人出丑是人类的天性”。这里讲的“别人的痛苦”，实际上就是人一时的尴尬，说出来就是笑料，这就是糗事百科最早的开发动因。糗事百科就像一个线上的咖啡馆，“这就是一个像咖啡馆一样的第三空间，你在里面就是一个陌生人的身份，和不认识的人聊一些平时没机会聊到的事情，或者笑一笑”。从糗事百科

的内容看，它满足了现代人“轻阅读”的需求，这些段子可以称为“群众智慧”的典范，笑料涉及生活的方方面面，其中鲜活的生命力远非一些老旧的笑话可比，具有极其巨大的吸引力和凝聚力。仅就2009年上线的“秘密”而言，一个月时间，其发布的帖子已经超过了“糗事百科”，可见其吸引人气的能力。更重要的是可以看出王坚等人开拓市场的独特眼光和超凡能力[9]。

第三，是注重双赢。注重“有钱大家赚”的和谐经营理念。这个理念对于社会主义市场经济的完善具有重要意义。

第四，是珠三角企业对于自己的产品十分注意品牌营销。在中国所拥有的著名品牌中，来自珠三角企业的占有率居全国之冠。今天，家用电器方面的格力、美的；网络方面的QQ，搜狗；电子方面的中兴、华为；等等。这些都是蜚声中外的著名品牌。依靠品牌战略，以“广货”为代名词的珠三角企业产品北上东进，占有全国巨大的市场份额。如珠宝业占有全国70%的市场份额；安防产业占有全国70%以上的市场份额；至于服装品牌，仅仅深圳企业就占有全国80%以上的市场份额；

第五，是珠三角企业具有较强的忧患意识和前瞻目光。比如，蜚声中外的腾迅公司，本身在世界市场的占有率已经很高，但是其管理团队看到了虚拟产业的潜在风险，他们正在积极转型，计划实现多元经营，现在已经开始向新能源汽车的实体经济产业挺进，这种虚实并重的选择，使公司在相当大程度上降低了企业的风险。再如美的电器公司在去年家电行业高开低走，伴随着2012年初家电扶持政策的推出，美的管理层在去年下半年适时提出战略转型，提出要提升经营质量，提高经营效率，强化产品质量，严控企业风险的战略举措，取得明显效果。今年一季度年报显示：美的电器实现收入177.5亿元，同比增长22.4%；毛利润20.4%，同比提高近6%。

第六，是求新求变，在创新求变中获取资源、占有市场，引领先机，获得主动。如华强文化科技公司，这是一个以动漫游戏产业为主体的企业，但是这些年来，他们既立足国内市场，又积极探索国际化之路；既注重本业，又积极开创“文化+科技”“文化+园区”的新型模式，也是向实体经济转型的一种成功尝试。再比如华侨城集团，本身是一个旅游企业，但是他们不断创新“文化+旅游”的模式，在深圳这个城市，使游客年年增长，创造了“旅游+演出展示”活动相结合的园区旅游模式，使传统旅游模式焕发出新的活力，形成长盛不衰、永不落幕的旅游旺季。又如研祥科技集团公司，其董事局主席陈志列有一句名言："在研祥的管理文化中，有一条叫做'变是市场永远不变的真理！'我们认为任何事情都有进一步改进的空间，包括我们的管理理念。"陈志列说："我经历了很多的成长，也收获了很多的荣誉。这一切都得益于我们在不断地改进、创造！'非经典管理'不是不可推翻，而是可以再造，不断地反省、不断地学习，我们才能够不断地进步！"[10]正是这种不断的求新求变，不断的反省、学习，使研祥集团从创建之初的小型企业，发展为今天有员工4400余人，各类技术人员1500余人，拥有国内十余家全资及控股公司，4个研发中心，44个分支机构，1个海外技术中心，4个全资分支机构的中国的特种计算机领军企业、国家级高新技术企业、国家创新型企业。该集团成为当前本行业中唯一一家上市公司，和销售额12年来居于行业榜首，排名居于世界第三位的"国内领先、国际先进"的大型企业集团。还有一点我们要特别指出的是，一大批珠三角企业家具有坚忍不拔的拼搏意志和打不死的顽强精神。如以京基集团的陈华为代表的一批企业家，他们在20世纪90年代后期还是一个小包工头，但是他们依靠自己顽强的拼搏、敏锐的头脑、抓住机遇的敏感和胆识，经过近20年的艰苦奋斗，终于成为蜚声中外的大型商业地产企业。还有就是巨人集团的史玉柱，这更是一个一再创造不死神话的企业怪杰。他们的精神值得钦佩！

我们相信，珠三角企业群在新的历史时期，必将在自身企业文化的引领下，不断发展壮大，取得新的更大的业绩，为社会做出更大的贡献。

二、文化育人背景下珠江三角洲高职教育的经验与启示

1. 企业文化影响与高等职业教育发展的时代背景

众所周知，职业教育是工业社会的产物，传统的农业社会不可能产生现代意义上的职业教育。更具体地说，是企业以及企业群体构成的产业发展、效益追求、质量提高对于从业者技能提高的需求催生了现代职业教育。珠三角区域高等职业教育正是适应产业发展对于技能型人才的需求而诞生的。同时，随着我国经济的快速发展，企业固然需要素质较高的实用、技能型劳动力，城市和农村的剩余劳动力也需要就业，这样，作为以培养中高级技能型人才为己任的高等职业教育就应运而生，蓬勃发展起来。因此，理论上我们可以这样概括：产业对于技能型人才的需求是高等职业教育的逻辑起点，产

业结构决定着高等职业教育的发展方向。从一个区域的职业教育来考察，什么样的产业结构决定了与之相适应的职业教育结构；从高等职业教育的角度看，产业发展到对于从业人员的素质提出较高需求的时候，也就是高等职业教育大发展的时候。

以上观点可以珠三角企业发展与职业院校的发展关系来印证。从珠三角企业发展来观察，珠三角企业从产生到今天，随着我国改革开放的深入发展和加入世贸组织后全球化进程加速深化，珠三角企业经历了产权改革和市场化改造，已经经历了从“三来一补”企业到自营企业再到自主创新企业纵向历程；经历了从外资企业、国资企业（包括集体企业）到民营企业与国资企业并存，且民营企业数量规模远超国资企业、资金规模越来越接近的历程；经历了从主要是外向型企业到走向世界的内外销兼备的中国企业的历程；经历了从小型化企业到大型企业、特大型企业、在国内外上市企业的历程；由传统产业到现代产业再到高新技术产业、新材料新能源产业的产业提升的历程。与之同步，珠三角高等职业教育，从上世纪 90 年代初为数不多的几所，发展到 2010 年，广东高职高专院校已达 76 所，占全省普通高校数的三分之二，招生数达 23 万人，占普通高校招生总数的一半以上，在校生 64.8 万人，占全省普通高校在校生总数的 45%[11]。从当时的专业设置单一，发展到现在，学科专业已较为齐备，人才质量不断提高，基本适应产业发展对于人才需求的格局。应该说，珠三角高等职业教育的大发展，正是在产业不断升级、企业不断发展对人才的需求，和产业、企业与高职院校相互作用下，迅速发展、壮大起来的产物。

从高职教育对于企业文化的汲取借鉴角度来观察，毫无疑问，企业的人才需求直接影响高职院校学生的就业。对于高职院校而言，如果不能培养出适应企业需要的人才，学生就不可能顺利就业。这不仅影响学生的就业和发展，更直接影响学校的声誉甚至生存，影响社会的和谐稳定。一所不能培养出适应企业人才需求的高职院校实际上背离了高职院校建立的初衷，这样的学校是没有前途、没有出路的。从这个意义上讲，培养适应企业需求的高质量职业技能型人才，既是高等职业院校发展的外在动力，也是企业需求对于高职院校影响最为深刻的力量。正是这种企业需求的力量，推动着珠三角高等职业院校人才培养与产业、企业的需求相适应，推动着珠三角高职院校不断地与市场调适而不断地改革自身的教育教学理念、模式、方式方法，从而能不断发展。同时，在这个过程中，基于企业人才需求的培养方式，在本质上也必然要求高职院校把企业文化引入自己的教育实践中。把企业文化引入高职教育，并以之作为高职教育的重要内涵的认识深刻的自觉程度越高的院校，办学也就越主动，学校就充满着生机与活力，与之相反，学校的生机活力就会下降，甚至于萎缩枯竭。

从更为广泛的文化范畴来观察，企业文化或者产业文化引入高职教育，并不是文化引领的全部内涵。文化引领高等职业教育，应该包含更为广泛的内容。比如更为重要、基础的社会主义核心价值观的引领；中华民族优秀文化传统的教育；作为社会公民的公民意识、法制意识的培育；社会人际交往中基本的道德准则与礼仪规范；等等。但是，无容置疑的是，企业文化实际上与以上内涵是相通的，很多方面是完全一致的。由于我们课题研究的是企业文化引入高职教育的问题，基于这个界定，故不能展开全面的论述。

2. 文化育人模式构建的实践与探索——以深圳职业技术学院为例

深圳职业技术学院是全国职业教育的一面旗帜，也是珠三角职业院校发展的精彩缩影，具有典型意义。解剖这样一所高职院校，对于我们深刻认识珠三角高等职业教育对于企业文化的汲取借鉴，具有重要的参考价值。

深圳职业技术学院创建于 1993 年。在邓小平同志南方谈话精神的大力推动下，一个新的创新、创业的高潮开始来临，同时，深圳以“三来一补”出口加工企业为主体的企业结构正面临着转型的急迫要求，大批“三来一补”企业在政府政策导向的引导下，离开了深圳去寻找人工等各方面成本更低廉、政策更优惠的地区发展。而留在深圳的企业和新兴企业又需要技能型人才的支持。但是当时深圳和全国技能型人才的培养几乎还是一片空白，依靠内地解决企业对于企业紧迫的技能型人才的需求是完全不现实的。面对企业需求发生的根本性变化，深圳市委市政府认为，必须创办一所职业技术学院，培养技能型人才，满足企业转型对于技能型人才的急迫需求。经过短期的准备，深圳职业技术学院借鉴国际经验，尤其是德国“双元制”职业技术教育和日本职业技术教育的经验创建起来，于 1993 年招收了第一批学生。可以说，深圳职业技术学院的创立本身就植入了适应企业对于技能型人才需求的基因，这和内地许多由高中、师范或者其他类型学校转型更名而设立的职业技术学院有着根本的区别。

深圳职业技术学院成立以来，坚持文化引领人才培养，秉承以人为本、技能为重、全面发展的职教育人理念，积极引入企业的创新文化、忧患意识、品牌意识、竞争意识、求新求变意识，积极以市场对于人才的需求为导向，不断调整和完善自己的教育教学模式，以改革创新的精神在一片空白的职业技术教育领域开拓出一片崭新的天地，受到企业的欢迎，赢得了社会的广泛赞誉，也得到了广大学生家长和学生本人的高度认同。根据麦克斯数据有限公司《深圳职业技术学院社会需求与培养质量年度报告 2011》，深圳职业技术学院 2010 年毕业生就业比例为 97%；1 年后就业率为 93.5%，高出全国示范性高职院校 2010 年毕业后半年的就业率（89.8%）3.7 个百分点；2010 届毕业生自主创业的比例为 4.8%，高出本校 2009 届毕业生半年后自主创业率 1.8 个百分点；高出全国示范性职业院校同届自主创业率 2.5 个百分点。可以说，毕业生就业的比例在全国居于领先地位，自主创业的比例也高于同类院校，表明深圳职业技术学院培养学生的质量较高，受到了社会尤其是企业的肯定。1 年后自主创业学生比例高于同类院校，表明深圳的创业环境较为优良和学校对于学生创业教育取得了较好的成效。

深圳职业技术学院经过近 20 年发展，其育人模式的改革创新实践，可以概括为：即以文化为引领，以职业技能培养为重，全面发展、可持续发展能力培养为基础的育人方向，从“产学结合、工学结合”人才培养模式发展到 2009 年确定的“以人为本，‘政校企行四方联动，产学研用立体推进’”的人才培养的新模式，致力于培养切合社会需求的“德业并进、学思并举、脑手并用”全面发展的高素质、综合性、技能型可持续发展的人才。紧密贴近社会和企业对于人才的需求，汲取企业文化的精髓，并以之为动力，积极探索高素质、综合性、技能型人才培养新模式、新方法，不断推进学校的改革创新发展。这既体现出深圳职业技术学院的办学思想，也阐明了学校具体的实践行动。深圳职业技术学院形成了有自身特色的育人模式，这也是学校文化的重要体现。

围绕文化育人模式建构的路径和方法，这些年来，深圳职业技术学院做出了以下几个方面作了探索。

（1）基于企业需求的专业—课程育人路径。高等职业技术院校的根本任务在于为企业培养适应其需求的高素质、综合性、技能型人才。在高等教育中，专业和课程设置，决定着人才培养的方向。因此，紧紧抓住企业对于高素质、综合性、技能型人才需求这个纲，以适应企业需求的高素质、综合性、技能型人才培养为导向，制定学校发展规划，确定专业设置，调整课程结构，是综合性、技能型人才培养的基础性工程。课程是人才培养的基本依托，课程结构在相当大程度上决定人才的基本知识和能力结构。人才的知识和能力结构是否符合企业的需要，既取决于企业的实践检验，也体现出学校决策者和执行者对于企业人才需求是否真正了解、是否愿意去主动适应这个需求形势。一句话，体现的是学校决策者对于社会主义市场经济背景下职业院校人才培养的职能、性质和特点是否认识到位、准确的问题。深圳职业技术学院在这个方面确实是紧追企业和社会的人才需求趋势的。他们在办学之初即认识到，高职教育的人才培养必须切合市场经济背景下企业和社会对于技能人才需求的实际，这样，高职教育才能够获得足够的发展空间。同时，产业发展、企业发展也必须依靠高质量高水平的技能型人才的支撑，而且，企业越是向前发展，产业越是升级换代，就必然越是需要高级技能人才来保障。培养这样的人才，也是高职教育不可推脱的历史责任。因此，依据政府产业发展规划指引的路向和社会、企业对于人才需求的变化与学生就业的实际需要，积极创新课程体系，更新和优化校内专业设置和课程结构，就成为深圳职业技术学院建校十几年来坚持不懈的主旋律。

各个专业和课程的设置是在对于企业开展充分调研的基础上，邀请各行各业企业家组成课程专家组来确定的，这在制度上保障了专业与课程设置与企业需求的高度契合。培养的人才受到各企业的热烈欢迎是必然的。

科学的专业、课程设置只是贴近企业需求育人的重要方面，因为这保证了在知识的传播上契合了企业的需求，更为重要的还在于对学生实践动手能力的培养。因此，加强实训室建设，认真抓好实训就成为决定能力培养水平的重要的依靠。这是因为，课堂知识转化为技能，必须经由实习训练的实践途径。在这个意义上，可以说实训是技能型人才培养的必由之路。因此深圳职业技术学院始终坚持把学生的实习训练作为人才培养的极其重要的环节。为此，学校始终高度注意加强校内实训室建设，为各专业方向建立有教学实践活动紧密联系的实训室，现在全校70余个专业都建立了实训室，有的专业还有多个实训室，利用新技术手段，建设仿真的环境和现实的实验室，为学生的实习训练创造真实的现场环境，使学生能够在仿真的环境中得到实习训练，从而促进能力的转化。

同时，学校按照以人为本、培养学生可持续发展能力的理念，以专业群的方式招生培育，在学生的专业分配上，给予学生自主选择专业的主动权，调整完善学分制，探索推出双专业改革制度，增强学生的社会适应性，受到广大师生和社会、企业的欢迎。

（2）基于企业、社会合作的育人路径。采取“走出去、引进来”双向互动、相互促进、相互结合的方式，积极寻求社会和企业支持，大力建设校外实训基地，促进高职教育与企业社会的深度融合。与企业联合开办专业、举办专业学院是深化与企业合作的成功尝试。这些年来，在学校的支持下，电信学院与华为集团合作建立了华为网络学院；计算机工程学院与甲骨文公司合作建立甲骨文学院；媒体与印刷学院与德国海德堡公司建立了深度合作；汽车学院与省、市汽车行业协会的合作，既为学院提供了先进的设备设施，也直接把世界行业发展的前沿信息、先进理念、先进技术带进了高职教育，保证学校的人才培养适应企业的需求。多年来，学校积极开展与社会、企业的深度合作，在企业支持下，建设了千余家校外实训基地，把校内的实习训练场地延伸到真实的企业环境中去，以企业和厂房为课堂，企业在哪里就把课堂开到哪里是深圳职业技术学院人才培养的重要经验。采取“走出去”与“引进来”相结合的双向模式，汲取企业文化的源头活水，优化高职校园文化氛围。

（3）基于国际合作的育人路径。加大国际合作力度，借鉴国际先进职业技术教育经验，努力培养适应当今全球化需要的国际性技能人才。目前，深圳职业技术学院已与80余个国家、地区的高校建立了友好交流关系；与美国、英国、日本、俄罗斯、澳大利亚、韩国等12个国家与地区的31所高校建立了互派师生交流的合作关系。每年派遣大批教师到国外高职教育发达的院校参加培训，学习借鉴国外先进职业教育理念与教学模式、方法，保证教师能够及时吸取世界新鲜、先进的职教理念与方法。源头活水的引进，促使教师开放思想、增强活力，避免了闭目塞听而成为井底之蛙。学校近年来引进外籍教师25人，既改善了国内专任教师的文化背景、知识能力结构，优化了教师队伍，也为学校的教学模式、方法带来新的冲击与借鉴。这些年，学校在新进教师的吸收方面也做了大量的工作，尤其重视新进教师的国际教育和国际企业工作背景，现任教师中具有留学经历者和企业工作背景的占全部教师比例超过40%。这种教师队伍的结构，为学校教育的国际化水平的提高带来了新的动力。

（4）基于社会实践的育人路径。社会实践活动不能等同于企业实习。相对于企业实习实训，社会实践的育人路径更加关注学生在社会生活中公民意识、综合能力的培养。深圳职业技术学院是全市义工制度的最早响应者，在全体师生中开展志愿者活动已经坚持了十余年，是最早引起社会广泛关注的单位。2011年深圳举办26届世界大学生运动会上，学校发动全校万余名学生和教师投身到为大运会服务的志愿者活动中去，深职院志愿者服务于大运会60个场馆中的20多个场馆，其专业精神和服务能力水平得到大运会组委会和广大媒体的高度关注。大运会开幕式上风靡各大媒体的“互动哥”李栋就是其中最为突出的代表，是全国高校学生中唯一获得市长奖的大学生。今年一月，学校借大运会成功举办的东风，在全市最早开展志愿者之校建设。学校还积极组织学生参加团中央组织的支援西部的志愿者活动，先后有上百名学生去新疆、贵州等西部省区落后地区参加扶贫支教活动，获得组织单位的高度评价。每年假期中还广泛组织学生参与社会调查和社会服务工作，让学生在社会调查和服务中进一步了解国情，坚定了服务社会、奉献社会的热情。这些活动的广泛和系列化的开展，对锻炼学生能力和提高对于社会的认识了解具有不可替代的作用。

（5）基于创新与创业实践的育人路径。创新思想是引领社会经济和科技发展进步的重要思想，也是全社会具有高度共识的口号。但是创新不能仅仅停留在口号阶段，不能停留在意愿的表达上。只有创新的实践行动才能真正产生创新成果，从而推动社会经济和科技的进步。深圳职业技术学院领导班子认为，引进企业文化植根于职业教育之中，除了必须培养学生的社会交往能力、对于企业的忠诚度之外，引进企业的创新创文化十分重要。这些年来，学院建立鼓励创新实践的体制机制，鼓励学生在教师的指导下积极参与国内外各类大赛，并取得了明显的成效。据统计，近3年来深圳职业技术学院学生参加全国各类职业技能大赛，获奖1536人次，其中国家级大奖752人次。学校注重营造创新创业教育氛围，每年举办科技节，举办“能工巧匠”技能大比武活动近百项，“扬科技技能之光，品人文艺术之韵，感青春风采之灵”，技能竞赛突出工学结合、科技含量，营造了以技立身、技高为荣、专业成才、崇尚创新、崇尚个性发明、崇尚高雅文化的良好校园文化氛围。学校还鼓励学生参加世界著名公司的专业技能考试。现在全校通过思科公司CCIE（网络工程师）认证考试学生150余人（目前全国通过认证者仅4000人左右，深职院学生占4%）；6名学生一举获得甲骨文公司COM（数据库大师）最顶级认证考试，实现了全国大学在校生零的突破（目前中国大陆持有该证书者近200人）。

学校高度重视学生就业能力的培养，重视在学生中开展创业教育。学校设立大学生“创新工程项目”，每年投入100万资金支持学生的创业活动，经过专家对学生申报的创新创业项目评审，重点支持具有市场潜力和竞争力的项目。同时，开设创新创业课程，聘请成功企业家和创业专家对有志创业的学生进行全程、有针对性的指导，着力打造创业技能培训平台、创业思想集聚平台、创业教育实践平台和技术成果转化平台，为学生的创业实践提供支撑。2010年4月在校园内专门开辟了深职院创意产业园。此后每年有40余个学生创业项目入驻，产生了良好的育人效果。

深圳职业技术学院坚持以文化引领、以职业技能培养为重点，坚持全面发展、可持续发展能力培养为基础的育人方向，不仅得到社会和企业的高度认同，学校也在这种改革实践探索中不断发展壮大。这些年来，连续获得全国高职教育改革试点院校（1996）、国家示范性高职院校实践教学基地评估优秀（2001）、全国高职高专院校人才培养工作水平评估优秀（2003）、国家重点职业技术院校（2003）、全国教育系统教育先进集体（2004）、广东省优秀基层党组织（2005）、全国职业教育先进单位（2005）、国家级教学成果奖（2001、2005、2009）、全国文明单位（2009—2011）、全国高校毕业生就业工作先进单位（2009）、黄炎培职业教育奖（2010）、中国十大最具就业力高职院校（2010）、广东省职业教育先进单位（2010）、中国十大创新型高职院校（2011）、全国高校后勤社会化改革先进院校（2011）、全国毕业生就业工作50所典型经验高校（2011）、深圳大运会志愿服务杰出组织单位（2011）、深圳市文明单位（2008—2011）、广东省先进集体（2012）等荣誉称号。

3. 深圳职业技术学院文化育人的经验与启示

坚持文化引领人才培养，文化引领学校发展，坚持文化育人，是深圳职业技术学院发展历程中最为重要的经验。胡锦涛总书记在清华大学100周年校庆上的重要讲话中指出：“必须大力推进文化传承创新。高等教育是优秀文化传承的重要载体和思想文化创新的重要源泉。要积极发挥文化育人作用，加强社会主义核心价值体系建设，掌握前人积累的文化成果，扬弃旧义，创立新知，并传播到社会、延续至后代，不断培育崇尚科学、追求真理的思想观念，推动社会主义先进文化建设。”[12]胡总书记的讲话为包括职业院校在内的高校人才培养指明了方向。教育部部长袁贵仁也曾指出：“所谓教书育人、管理育人、服务育人、环境育人，说到底都是文化育人。”[13]这也就是说明了高校的育人，都应该明确文化对于人的引领作用，应该主动把文化育人纳入到人才培养的全过程。深圳职业技术学院多年来就是坚持文化育人的正确方向，坚持在人才培养中把德育放在首位，积极引入企业文化，把文化育人摆在相当重要的地位上。始终坚持文化对于人才培养的引领作用，使学生的素质得到全面发展，综合素质得到全面的培养锻炼。学生在思想政治、综合素养、社会参与、职业意识、敬业精神、创新能力、实践能力等诸多方面，都受到社会和企业的高度评价。

（1）以文化育人、提高质量为根本是深圳职业技术学院发展的生命线。胡锦涛总书记在庆祝清华大学建校100周年大会上的重要讲话中，也明确要求“我国高等学校要把提高质量作为教育改革发展最核心最紧迫的任务，完善中国特色现代大学制度，加强领导班子建设，创新教育教学方法，强化实践教学环节，形成人才培养新优势，努力出名师、育英才、创一流”。“全面提高高等教育质量，必须大力提升人才培养水平。高等教育的根本任务是人才培养。要坚持把促进学生健康成长作为学校一切工作的出发点和落脚点，全面贯彻党的教育方针，坚持育人为本、德育为先、能力为重、全面发展，着力增强学生服务国家服务人民的社会责任感、勇于探索的创新精神、善于解决问题的实践能力，努力培养德智体美全面发展的社会主义建设者和接班人。要注重更新教育观念，把促进人的全面发展和适应社会需要作为衡量人才培养水平的根本标准，树立多样化人才观念和人人成才观念，树立终身学习和系统培养观念，造就信念执著、品德优良、知识丰富、本领过硬的高素质人才。要注重培养拔尖创新人才，积极营造鼓励独立思考、自由探索、勇于创新的良好环境，使学生创新智慧竞相迸发，努力为培养造就更多新知识的创造者、新技术的发明者、新学科的创建者作出积极贡献。”[12]多年来学校坚持把人才培养质量摆在首要位置，牢牢把握社会和企业对于实用型、技能型人才的需求，使学生的就业率、创新精神和动手能力始终居于全国同类院校的前列，受到社会和企业高度肯定。

（2）借鉴优秀企业文化发展的经验，坚持围绕适应社会需求的育人目标，不断改革创新是学校发展的内生动力源泉。组织行为学的研究表明：任何组织为了适应客观环境的变化，都必须进行改革，因为一个固化的组织必然因形成稳定的结构形态而缺乏创新发展的活力。在固化的组织形态中，几乎所有的构成因素、构成部门和构成人员都被固定在一个具体的位置上，这些组织构成因素、部门、人员都只能按部就班地循着固定的方向运转、沿着固定的程式千篇一律地运行。这样的组织形态不需要创新，甚至于抵制来自各个方面的变革的要求，因而缺乏创新的活力是必然的。组织要想获得发展，必须以改革来推动组织结构的再造、组织运行流程的改变，进而获取创新发展的新的动力。这种动力往往需要来自外部强大推动力的激发，唯有把来自外部的推动力转化为内部持续发展的动力，这个组织才可能可持续地创新发展。[14][15]社会组织如此，高等院校如此，高等职业院校尤其如此。

作为直接服务于社会与企业，满足其对于技能型人才需求的高等职业院校，尤其需要力避一般高校那样的组织固化，才能使高职院校因为适应社会和企业的需求而充满生机与活力。这需要在组织建立的时候具有适应社会和市场需求的新的组织构架、新的体制机制和生生不息的动力源泉。也需要职业技术学院的领导者具有强大的改革创新的能力与水平。这首先需要领导者具有强烈的改革创新的意识，具有对于社会、企业和产业发展对于人才需求趋势的敏锐的把握能力，据有推动变革的决心与勇气；同时也需要学校的员工形成强大的改革共识，结合来自企业与社会的外部强大动力，以外部压力激活内部创新的激情，同时利用外部资源调整与优化校内结构，激活人员终身学习、不断优化自身知识结构的兴趣与热情，选择适合本校实际状况的改革路径，如此才能取得预期的成效。

(3) 加强校企深度融合，探寻“政校企行四方联动，产学创用立体推进”文化育人模式和实现路径。以建设世界一流技术大学为办学目标，“政校企行四方联动，产学创用立体推进”的本质，就是动员社会、企业的各种资源为高职教育的人才培养服务[16]。这里既着眼于人才培养的文化引领，又着眼于人才培养的资源配置，还考虑到了广泛的社会需求，是一种比早年高职教育界所提倡的“校企合作”更为先进、更为全面的一种职业教育思想。其重点就是如鲁昕副部长所说的那样：“要做到产业文化进教育、工业文化进校园、企业文化进课堂。”[17]学校领导深刻认识到，原来高职院校所推行的“校企合作”着眼于对学生动手能力的培养，着眼于实践性教学的资源需求，着眼于学生就业的强烈需求，在那个时段中是无可厚非的，也是完全必要的。

但是，随着社会建设的加强，经济、文化建设的发展，珠江三角洲产业的升级与企业国际化战略的实施，社会、企业对于人才需求已经发生了巨大变化，还有就是学生及其家庭自身对于创业、就业期待也发生了巨大变化，高等职业教育自身的实力也在不断壮大。作为高等职业院校必须适应这个变化，否则，人才培养的质量必然受到影响。深圳职业技术学院与企业合作的成功实践，深刻地表明，只有按照“政校企行四方联动，产学创用立体推进”的办学模式和人才培养模式去办学、育人，做到“三进”，高等职业教育才可能培养出受企业、社会欢迎的人才，学校的发展才可能充满生机与活力。

（4）适应产业转型升级的要求，坚持高职教育国际化方向，以开放的心态汲取发达国家职业教育经验，不断创新文化育人模式。深圳职业技术学院推进职业教育国际化，既是出于引进国际先进文化和教育资源、提供自身发展动力方面的考虑，更重要的是为了适应当今时代全球化趋势不断深化、国际化进程不断加快、产业转型升级和企业走向世界的紧迫人才需求的考虑。作为一所地处国际化城市的职业技术学院，深职院的领导班子和教师队伍，深深感到有责任在推进先进文化与教育的交流与合作方面多做工作，为我国企业走向世界提供高素质、综合性、技能型人才，提供更加坚实的支撑，这是深圳院的发展机遇，也是人才培养的责任和义务。

我们的研究表明，珠三角高等职业院校的发展，也大致具有深圳职业技术学院相似的特点。尤其是深圳职业技术学院的发展所走过的以文化引领高职发展、以产业文化补充职业教育的定位之不足，探索适合深圳社会建设和产业发展的高职人才道路和依循的路径，其文化育人模式已产生出巨大的示范的作用，引领着珠三角乃至全国的高等职业教育的改革与发展，具有启迪意义，可资借鉴推广。

参考文献

［1］张效民. 广东的历史文化［J］. 深圳职业技术学院学报，2010（6）.

［2］格力形象片亮相纽约时报广场［N］. 香港商报，2012-3-27.

［3］汪小星，肖小珊. 华为年收入破2000亿直逼龙头爱立信［N］. 南方都市报，2012-4-25.

［4］专访中兴通讯总裁史立荣：为什么要拿这个“世界第一”？［N］.

人民日报，2012-4-5.

［5］卢亮. 市场份额大并不是垄断的充分条件，危机永远存在［N］. 南方都市报，2012-5-12.

［6］2011 发明专利授权量排行榜公布 广东获三个“第一”［EB］. 南方网，2012-2-27.

［7］卡西亚·莫雷诺. 为何中俄富人有很多共同点［N］. 参考消息，2012-4-2.

［8］李映民，李获. 东莞慈善日，仅此 1 天，就募集善款近 1.8 亿人民币［EB］. 中国新闻网，2010-10-26.

［9］赵崇强，谢宇野，晏婵婵. 看别人出丑是人类天性［N］. 南方都市报，2012-5-5.

［10］杨超. 非典型经营［M］. 南京：凤凰出版传媒集团，凤凰出版社，2009.

［11］广东省省情调查研究中心. 2011 年度广东职业教育学校竞争力评估报告［EB］. 2012-1-6. http：//www. gdsq. gov. cn/results/text. asp？id=997.

［12］胡锦涛. 在庆祝清华大学建校 100 周年大会上的讲话［N］. 人民日报，2011-4-25.

［13］袁贵仁. 加强大学文化研究 推进大学文化建设［J］. 中国大学教学，2007（12）.

［14］窦胜功，张兰霞，卢纪华. 组织行为学教程［M］. 北京：清华大学出版社，2009.

［15］斯蒂芬·P. 罗宾斯. 组织行为学［M］，北京：中国人民大学出版社，2008-4.

［16］刘洪一. “官校企行”四方联动，“产学创用”立体推进［J］. 《高等工程教育研究，2009（3）.

［17］鲁昕. 在高等职业教育引领职业教育科学发展战略研讨班上的讲话. 教育部职业教育与成人教育司，高等职业教育引领职业教育科学发展战略研讨班资料汇编（2011）［C］.

"珠三角优秀企业工作价值观对职业院校职业价值观教育的渗透研究"课题结题报告

课题组

摘要：本文对全国教育科学"十一五"规划教育部重点课题"职业教育校企合作中工业文化对接的研究与实验"之子课题"珠三角优秀企业工作价值观对职业院校职业价值观教育的渗透研究"的研究过程、研究内容与方法、主要研究成果、研究意义、未来研究计划等作了概要介绍。

关键词：珠三角　企业　工作价值观　职业价值观教育　渗透

项目资助：本文是全国教育科学"十一五"规划教育部重点课题"职业教育校企合作中工业文化对接的研究与实验"之子课题"珠三角优秀企业工作价值观对职业院校职业价值观教育的渗透研究"（项目编号：〔2010〕CY0002）研究成果。

一、课题研究过程

2010年12月，由深圳市政协副主席、深圳职业技术学院副校长张效民为负责人，韩树林、谭属春、倪赤丹等为成员的课题组申报的课题"珠三角优秀企业工作价值观对职业院校职业价值观教育的渗透研究"被列为全国教育科学"十一五"规划教育部重点课题"职业教育校企合作中工业文化对接的研究与实验"的子课题。12月25日至27日，课题组成员韩树林参加了中华职业教育社在北京举行的总课题开题会议，了解了课题研究的背景、框架与基本要求，听取了参研单位的经验介绍。

课题立项后，负责人张效民多次召集课题组成员，部署研究分工，了解研究进度，交流研究收获。作为深圳市政协副主席、深职院副校长，张效民多次率队或陪同上级领导到珠三角企业调研考察、到兄弟院校交流学习，掌握了大量一手资料。课题组其他成员也结合研究内容，或到兄弟院校、本校二级学院、相关企业进行调研，或利用网络、报刊、企业内刊等搜集研究材料。课题组编制了《珠三角优秀企业工作价值观对职业院校职业价值观教育的渗透研究》的调查问卷，分发给本校二级学院，同时寄送到广州番禺职业技术学院、广东水利电力职业技术学院、广东交通职业技术学院、顺德职业技术学院、中山职业技术学院、中山火炬职业技术学院、江门职业技术学院等合作院校，并通过这些院校及深圳市河南商会、四川商会等，对珠三角优秀企业文化建设状况进行问卷调查，得到了60余家企业的积极配合。

2011年8月5日至6日，总课题组与中华职教社研究部在山东青岛联合召开“职业教育校企合作中工业文化对接的研究与实验”中期研讨会。因适逢深圳第26届世界大学生运动会召开，本子课题组成员均承担不同方面的领导、组织、服务工作，未能参加这一研讨会。但本课题组及时与总课题组沟通，汇报研究进展，听取工作指示，相关研究工作并未受到太多影响。

2011年10月至2012年4月，本子课题研究进入收官阶段。课题组成员在前期充分准备的基础上，分析调研材料与调查问卷，形成研究成果。课题组负责人张效民明确指示，2012年5月务必完成课题研究，召开结题评审会议，根据专家评审意见，及时修改完善，6月初向总课题组提交研究成果。7月，结合本课题研究内容及研究体会，扩大课题组成员范围，开展珠三角企业文化的深入研究，力争年底形成具有较高水平的研究成果。

二、课题研究内容与方法

珠三角地区得改革开放风气之先，成为中国市场经济发育比较完善、企业文化建设比较成熟的区域之一；珠三角一批高等职业院校办学水平较高、办学成绩突出，校企合作较为深入全面。研究珠三角高职教育校企合作中文化对接的方法与经验，对于中国高等职业教育的健康发展、提升高等职业教育服务经济社会发展的贡献度和影响力，具有一定的标本意义。

高等职业院校以培养生产、建设、服务、管理第一线的高端技能型专门人才为主要任务。衡量高等职业院校的办学水平，最直观、最重要的一个标准就是人才的素质。对于企业来说，员工是最宝贵的资源，员工的工作价值观直接决定了企业的生存和发展。高职院校毕业生在从"学生"到"员工"的身份转变过程中，尽快接受企业员工的工作价值观，可以减小就业后由不同生活环境和文化氛围带来的心理冲击与文化冲突，增强毕业生在企业中的适应性和稳定性。所以，从工作价值观这一具有普适性的因素，研究校企文化对接问题，对于校企合作培养"下得去，用得上，留得住"的高素质人才，无疑是一个新视角，也更具有现实意义。

本课题研究以马克思列宁主义、毛泽东思想、邓小平理论、"三个代表"重要思想和科学发展观为理论指导，以现代企业管理学、教育学、心理学、社会学、统计学等为方法指南，以中共中央、国务院、教育部等各部门重要文件为政策法规依据，坚持理论分析与实证研究相结合、综合研究与专题研究相结合、子课题研究与总课题相结合，广泛采用调查研究法、历史研究法、比较研究法、个案研究法等，注重数据分析和运用，以使研究成果体现较大的参考价值。

三、课题研究成果

课题组负责人对于该课题研究成就的高度重视和精心组织，课题组所有成员严谨细致的学术态度、深入扎实的调研准备、互通有无的团结协作，以及兄弟院校的大力配合、优秀企业的鼎力支持，使该课题研究取得了较为丰富的成果。

1. 论文：《珠江三角洲企业文化特点及其影响高职教育的实现路径探讨》（作者：张效民）

课题组负责人张效民身兼深圳市政协副主席、深圳职业技术学院副校长，公务繁忙，但仍抽出时间考察调研，广泛搜集相关文献，最终撰写出了25000字的研究论文《珠江三角洲企业文化特点及其影响高职教育的实现路径探讨》。该文章分"引言""珠江三角洲企业文化的历史渊源及其特点""文化育人背景下珠江三角洲高职教育的经验与启示"三部分。

"引言"部分介绍了研究思路、企业文化的重要作用、珠三角区域高职院校文化引领不足带来的问题等。作者认为，要认真落实中共十七届六中全会精神和胡锦涛总书记在清华大学百年校庆大会上的讲话精神，吸取国内外先进职业教育理念，按照文化引领复合型高技能人才培养的要求，积极吸取珠三角企业文化特点，深化校企合作，强化高职院校内生动力，促进高职院校自我革新，创新教育、教学模式和教育方法，培养出大批适应现代产业体系、新型业态和社会建设所需要的复合型、高素质、高技能人才。这是新形势下珠江三角州高等职业院校必须完成的历史任务。

“珠江三角洲企业文化的历史渊源及其特点”部分简要回顾了广东文化发展渊源，总结分析了珠三角企业文化特点的六大方面：（1）珠三角企业家得改革开放风气之先，具有较为广阔的国际视野和国际文化胸怀。（2）珠三角企业家具有强烈的忧患意识。（3）创新是珠三角企业文化中最为突出的文化精神。（4）慈善文化是珠三角企业亮色。（5）珠三角企业家十分注重内和外顺的和谐文化精神。（6）珠三角企业家具有较强的竞争观念和能力，具有顽强拼搏的坚强意志。该部分资料详实，引述丰富，条理清晰，见解深刻，体现出了作者高远的学术视野和深入的学术思考。

“文化育人背景下珠江三角洲高职教育的经验与启示”分析了珠三角区域高等职业教育发展的时代与产业背景。作者认为，基于企业人才需求的培养模式，高职院校必须把企业文化引入自己的教育实践中，这种认识越深刻、自觉程度越高，在办学上也就越主动，也就更充满生机与活力。文章还以深圳职业技术学院为案例，介绍了该校坚持文化引领人才培养、引领学校发展的经验及五大路径：（1）基于企业需求的专业—课程育人路径。（2）基于企业、社会合作的育人路径。（3）基于国际合作的育人路径。（4）基于社会实践的育人路径。（5）基于创新、创业实践的育人路径。

2. 调研报告：《珠三角地区优秀企业工作价值观对高职院校职业价值观教育的渗透研究》（作者：张效民　韩树林　倪赤丹）

该报告是课题组在调研深圳职业技术学院、广州番禺职业技术学院等8所高职院校及中兴通讯股份有限公司、华为技术有限公司、美的集团等60余家优秀企业的基础上，通过统计学、社会学、教育学等综合分析，结合党和国家经济社会发展战略及各级各类教育、文化政策而撰写的。因问卷调查覆盖面广，参与院校及调研企业也具有一定的代表性，问卷分析体现出较高的信度和效度。报告通过因子分析法，提炼出了珠三角企业在工作价值观方面最为关注的四大因子：制度性因子、创新因子、诚信因子、社会责任因子。报告综合各类数据分析指出，珠三角企业注重核心价值观的建设，员工也形成了积极向上的工作价值观，而这正是珠三角企业得以保持旺盛生命力和强大竞争力、成为中国企业版图上最突出亮色的关键因素。鉴于珠三角高职院校与诸多企业都非常重视工作价值观教育，但目前校企合作中工作价值观的对接还存在不少问题，报告认为，政府学校行业企业要四方联动，高度重视大学生工作价值观教育；高职院校要吸收企业文化精华，创建大学生价值观教育体系；校企要合作开发职业道德教育课程，打造工作价值观教育载体；高职院校学生要积极参与企业活动，潜移默化地接受工作价值观教育。

3. 论文：《高职院校引入企业工作价值观教育的机制与策略探略》（作者：张效民　谭属春）

该文结合深圳职业技术学院的探索和实践，就高职院校引入企业工作价值观教育的机制与策略问题进行了初步的探讨。作者认为，随着以校企合作、工学结合为核心的高职教育人才培养模式改革的不断深入，企业文化尤其是企业工作价值观对高职院校人才培养的影响越来越大。重视人才的培养和人才素质的提高是高职院校和企业工作价值观的共同点，高职院校主要是在教育中培养人，而企业则侧重在使用中培养人。而要实现高职院校人才培养与企业工作价值观的有机渗透与融合，就必须建立有效的引入企业工作价值观教育的机制，包括争取政策支持、校企互动互利、搭建合作平台、拓宽引入途径等。但因学校和企业毕竟是两种不同性质的组织，目标完全不同，不同企业文化价值观区别也很大，因此高职院校引入企业工作价值观教育也要遵守一些基本原则，比如源于企业、高于企业的原则，有利于学生成长成才的原则，因地制宜、突出特色的原则等。

4. 论文：《高职院校引入企业工作价值观教育的内容与路径》（作者：倪赤丹）

作者认为，高职教育要培养出受社会欢迎的高素质应用型、复合型人才，仅靠提高其专业技能是远远不够的，还必须加强学生职业综合素质的培养，关键之一就是要引入企业工作价值观教育。而这种引入，既应契合高职生的实际需求，也要注重与职业、行业文化相结合。从内容上来讲，工作价值观教育应包括企业价值观、企业精神与企业家精神、企业的社会责任、企业文化的运作模式及其创新、企业行为规范与学生必备的其他职业素养等。就引入工作价值观教育的路径来说，要坚持政校行企四方联动，共建人才培养方案；校企共建行动导向的职业教育课程；探索企业工作价值观的实践教育体系；吸收企业文化精华，建设校企融合的校园文化（包括精神文化、物质文化、制度文化、行为文化、课程文化、文化活动等）等四个方面。总之，高职教育的各个环节应渗透企业工作价值观的要素，从而培养出具有可持续发展能力、适应岗位需求的完整的人。

四、课题研究意义

2011 年 4 月 24 日，胡锦涛总书记在庆祝清华大学建校 100 周年大会上的讲话中强调，要积极发挥文化育人作用。高等院校的“教书育人”“管理育人”“服务育人”“环境育人”，归根到底都是“文化育人”。文化育人的终极目标是培养人的至善至美的品性，让人在核心价值观的选择中有所为有所不为。当代高等教育尤其是高等职业教育不再是封闭的教育，而是“政校行企四方联动”的教育。校企合作中的文化对接是将企业文化融入到校园文化的各个层面，使企业精神与学校精神有机结合，互相促进。根植于行业，养成于校园，服务于社会。

本课题立足于珠三角地区的企业文化研究，特别是总结了珠三角地区优秀企业工作价值观的特点，分析了校企合作过程中工作价值观对接的现状，提出了在高职院校中引入工作价值观教育的路径与注意事项，具有较强的现实针对性和明确的方向指导性。尤其是课题负责人张效民的论文《珠江三角洲企业文化特点及其影响高职教育的实现路径探讨》信息量大，对珠三角企业文化的梳理精准到位，高屋建瓴，具有较高的学术意义。课题组的调研报告《珠三角地区优秀企业工作价值观对高职院校职业价值观教育的渗透研究》是在广泛的调研、精细的统计基础上形成的，为了解目前珠三角企业文化尤其是工作价值观的状况、校企文化对接中存在的问题等提供了较为客观真实的依据，具有较高的参考价值。此外，张效民、谭属春的论文《高职院校引入企业工作价值观教育的机制与策略探略》及倪赤丹的论文《高职院校引入企业工作价值观教育的内容与路径》更多地从理论方面探讨高职院校引入企业工作价值观教育的机制、策略、路径及原则等问题，对丰富校企合作中工作价值观对接的理论研究，建设具有地域特色和创新精神的校企文化对接模式，也具有一定的推动作用。

五、课题研究经费

根据立项通知，本课题研究经费自筹。研究过程中，深圳市河南商会、四川商会、深圳市明喆物业管理有限公司等给予鼎力支持，帮助解决了图书采购、调研考察、问卷分析、专家邀请、资料印制等方面的费用，保证了课题研究的顺利进行。这些商会和公司还表示，将继续支持课题组开展更为深入细致、更有针对性的研究，以使课题研究诞生数量更多、水平更高的成果，努力推动校企合作、文化育人再上新台阶。

目前，深圳职业技术学院对于本课题的校内资助经费还在审批中。

六、未来研究计划

基于本课题研究现已积累的大量材料、与相关院校和企业建立的良好合作关系、研究过程中所发现的校企文化对接存在的问题、课题组成员对于校企文化对接特别是工作价值观对接的路径设计，课题组拟在本课题结题之后，继续深化校企文化对接的研究，力争2012年底完成以下两本读物的编撰：

1.《珠三角高职院校文化育人案例精编》

广泛调研广州、深圳、珠海、佛山、中山、肇庆、江门、东莞、惠州九市所辖区域的高职院校，从各个院校丰富多彩的文化活动中选取特色鲜明、成效突出的案例予以介绍，为校企合作开展文化育人工作架起一座桥梁。

2.《珠三角企业文化导览》

甄选50余家珠三角优秀企业，以图文并茂的形式，介绍其企业文化建设的特色与亮点，为高职院校在校生深入了解企业、增强就业竞争能力及职场适应能力提供借鉴和帮助。

“珠三角地区优秀企业工作价值观对高职院校职业价值观教育的渗透研究”调研报告

张效民　韩树林　倪赤丹

摘要：高等职业教育在着力推行工学结合、校企合作中，既要让企业参与专业建设与课程开发，实施项目化教学、订单培养，为学生提供生产实习和社会实践平台等，也要积极主动地将自身文化渗透到高职教育过程之中，大力推进“产业文化进教育，工业文化进校园，企业文化进课堂”，让学生经受企业文化的“熏陶”与“浸染”，目的是缩短学校与企业的距离，实现“学生”与“员工”身份的转换，提高企业对高职院校学生的认可度和满意度。课题组在通过多种方式的调研后认为，大力引入企业工作价值观教育，已经得到高等职业院校的广泛认同，也收到了一定的成效，但也存在诸多问题。

关键词：珠三角　企业工作价值观　高职院校　价值观教育　调研

作者简介：张效民，深圳市政协副主席、深圳职业技术学院副院长；韩树林，深圳职业技术学院党委宣传部部长；倪赤丹，深圳职业技术学院经济学院副教授。

项目资助：本文是全国教育科学“十一五”规划教育部重点课题“职业教育校企合作中工业文化对接的研究与实验”之子课题“珠三角优秀企业工作价值观对职业院校职业价值观教育的渗透研究”（项目编号：〔2010〕CY 0002）研究成果。

一、研究背景

中共中央十七届六中全会通过的《关于深化文化体制改革推动社会主义文化大发展大繁荣若干重大问题的决定》（2011 年 10 月 18 日）中指出，“当代中国进入了全面建设小康社会的关键时期和深化改革开放、加快转变经济发展方式的攻坚时期，文化越来越成为民族凝聚力和创造力的重要源泉、越来越成为综合国力竞争的重要因素、越来越成为经济社会发展的重要支撑"，"没有文化的积极引领，没有人民精神世界的极大丰富，没有全民族精神力量的充分发挥，一个国家、一个民族不可能屹立于世界民族之林"[1]。文化之于国家和民族、之于社会经济发展如此重要，之于学校、之于企业也是同样重要。目前，高等院校、各类企业对文化建设都相当重视，都把文化建设作为内强素质、外塑形象、增强凝聚力、提高软实力、扩大影响力的重要手段，作为自身和谐发展、科学发展、可持续发展的精神支柱和动力源泉。

改革开放30多年来，伴随我国工业化、现代化的进程，在各级政府的高度重视、社会各界的积极支持与教育同仁的共同努力下，高等职业教育得到迅猛发展，不仅"成为我国高等教育事业发展新的增长点，成为我国职业教育事业发展的新亮点"，而且以其"自身所具有的高等性和职业性的双重特性，在构建我国国民教育体系和终身教育体系过程中发挥了双重重要作用"，"为我国经济社会发展提供了强有力的高素质技能型专门人才支撑和智力支持"[2]。

高等职业院校以培养生产、建设、服务、管理第一线的高端技能型专门人才为主要任务，这种技能型专门人才，既要有很强的动手能力强，又要有很高的职业素养。国务院在《关于大力发展职业教育的决定》（国发［2005］35号）中指出："坚持育人为本，突出以诚信、敬业为重点的职业道德教育。"[3]教育部在《关于以就业为导向深化高等职业教育改革的若干意见》（教高［2001］1号）、《关于全面提高高等职业教育教学质量的若干意见》（教高［2006］16号）、《关于推进高等职业教育改革创新引领职业教育科学发展的若干意见》（教职成［2011］12号）等一系列文件中也反复强调，高等职业院校要"坚持培养面向生产、建设、管理、服务第一线需要的'下得去、留得住、用得上'，实践能力强、具有良好职业道德的高技能人才"[4]，"高等职业学校要把社会主义核心价值体系、现代企业优秀文化理念融入人才培养全过程，强化学生职业道德和职业精神培养，加强实践育人，提高思想政治教育工作的针对性和实效性"[5]。

高等职业教育与经济社会的发展关系密切，与工业文明的进步关系密切。正因如此，高等职业教育在发展伊始，就彻底改变了以学校和课堂为中心的传统人才培养模式，着力推行工学结合、校企合作。这种结合与合作，既包括高职院校让企业参与专业建设与课程开发，实施项目化教学、订单培养，为学生提供生产实习和社会实践平台，等等，也包括积极主动地将自身文化渗透到高职教育过程之中，大力推进产业文化进教育，工业文化进校园，企业文化进课堂”[6]，让学生经受企业文化的“熏陶”与“浸染”。

高度重视文化育人的作用，强化校企文化对接与融通，已成为高等职业院校与企业行业合作培养高素质技能型人才的共识。当前，高等职业教育与企业文化的交流与对接问题已成为学术界研究的一个热点。基于不同的研究背景和研究目，有的是从高职院校校园文化与企业文化融合的角度，去探讨高职院校如何通过吸纳企业文化的优良因素来促进自身校园文化建设，有的是研究如何在高职课程中强化职业素质训导，让学生较多地了解和接受企业文化。本课题则是从企业工作价值观对职业院校价值观教育的渗透入手，探讨高等职业教育文化育人的新角度与新视野。

二、研究设计

为了深入探究高等职业院校与企业文化的交流与对接，本课题作为全国教育科学“十一五”规划教育部重点课题“职业教育校企合作中工业文化对接的研究与实验”之子课题，选取经济社会比较发达的珠江三角洲地区部分高职院校与优秀企业作为研究对象。一方面，珠江三角洲地区得改革开放风气之先，也是中国企业文化发育比较成熟的地区之一；另一方面，珠江三角洲地区一批高职院校办学水平较高，校企合作较为深入全面，开展该区域高等职业教育与企业文化的交流与对接研究具有一定的标本意义。

1. 研究思路

不可否认，企业经营行为与学校教育行为遵循着不同的规律，企业文化与校园文化的特性存在着很大的不同。但是总的来说，文化都是企业、学校的灵魂，无论是企业文化也好，校园文化也好，居于其核心地位的是价值观问题。如果能从价值观的角度找出两种文化的契合点，那么，校企文化的对接与融通就有了桥梁和途径。换句话说，一个高等职业院校的大学生如果能够认同一个企业的价值取向，遵循一个企业的基本信念和行为准则，那么他就容易融入到该企业之中，也能够保持对该企业的忠诚，提高对该企业的贡献力。

本课题通过分析珠江三角洲地区优秀企业工作价值观的特点，调研部分高等职业院校校企工作价值观对接的现状，为深化校企合作、提高高等职业院校服务经济社会发展的能力提出一些思路和建议。

2. 相关概念界定

（1）企业文化

企业文化（corporate culture）是在一定的社会历史条件下，企业生产经营和管理活动中所创造的具有该企业特色的精神财富和物质形态。它包括文化观念、价值观念、企业精神、道德规范、行为准则、历史传统、企业制度、文化环境、企业产品等[7]。

（2）工作价值观

工作价值观（work value）是指员工关于"我们应该怎么做"或者"什么对我们才是最重要的"的一种价值取向，是员工对工作行为、工作方式、工作成果等进行价值判断时所依据的一种心理系统。工作价值观是企业最核心、最内在的竞争力[8]。

（3）核心价值观

核心价值观（core values）通常是指企业必需拥有的终极信念，是企业文化中起主导性作用的重要组成部分。价值观是所有企业的目标的先驱，是一切企业目标为之奋斗的基础。詹姆斯·C. 科林斯和杰瑞·波拉斯在其《基业长青》一书中写道："能长久享受成功的公司一定拥有能够不断地适应世界变化的核心价值观和经营实务。"[9]

（4）珠江三角洲地区

根据国家发展和改革委员会2008年12月发布的《珠江三角洲地区改革发展规划刚要（2008—2020年）》，珠江三角洲地区是指广州、深圳、珠海、佛山、中山、肇庆、江门、东莞、惠州九市所辖区域[10]，后文简称珠三角。

3. 样本情况

为了保证研究的信度和效度，课题组分别编制了"珠三角优秀企业工作价值观对职业院校职业价值观教育的渗透研究"的企业调查问卷、学校调查问卷以及企业负责人访谈提纲，还通过企业资料研究、电话访谈、网站访问、现场调查等途径收集了大量的一手资料。

课题组在2011年9月至2012年4月间，调研了深圳职业技术学院、广州番禺职业技术学院、广东水利电力职业技术学院、广东交通职业技术学院、顺德职业技术学院、中山职业技术学院、中山火炬职业技术学院、江门职业技术学院等8所珠三角地区高职院校，并通过这些院校及深圳市河南商会、四川商会等，调研了60余家各类企业。调查覆盖面广，参与院校及调研企业也具有一定的代表性，保证了问卷的信度和效度。

调查所得问卷数据通过 Foxpro6.0 进行数据库录入，使用 SPSS13.0 进行数据分析。样本情况如下：

表 1 调研企业样本情况（N=60）

企业性质		企业上市情况	
国有企业	14	国内上市企业	8
民营企业	39	国外上市企业	2
中外合资企业	6	没有上市	50
外资企业	1		
企业规模		**企业成立时间**	
100 人以下	12	3 年以下	10
101—500 人	28	3—5 年	8
501—1000 人	11	5—10 年	14
1001 人以上	9	10 年以上	28

表 2 调研学校情况（N=8）

学校性质		学校类型	
公办学校	8	国家示范性高职院校	2
民办学校	0	国家骨干高职院校	3
		一般高职院校	3
学校规模		**办学时间**	
10000 人以下	1	10 年以下	3
10001—15000 人	5	10—20 年	3
15001 人以上	2	20 年以上	2

三、珠三角地区企业工作价值观建设现状分析

企业文化是企业的灵魂，价值观是企业文化的核心。托马斯·J. 彼得斯（Thomas J. Peters）和小罗伯特·H. 沃特曼（Robert H. Waterman）在《追求卓越》[11]一书中认为，卓越公司成功的要素在于七个方面，即 7S：

价值观是企业安身立命的根本，决定着企业的生存和发展。基于不同的立场和角度，价值观可以分为企业核心价值观、领导价值观、员工工作价值观等。对于一家优秀企业来说，其核心价值观、领导价值观、员工工作价值观应该得到最大程度的契合。换句话说，企业核心价值观只有被员工们共同认可，并在他们日常的工作行为中自觉呈现，企业才能长盛不衰，正如有专家所言：员工认同核心价值观之后再在言行中自然流露才是企业文化构建成功的表现[12]。

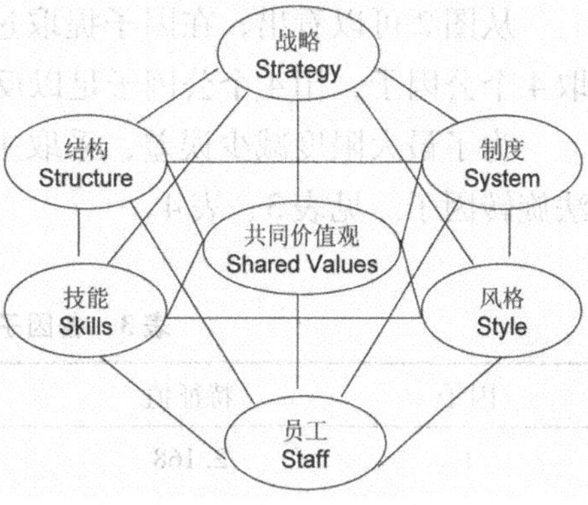

图1　企业文化建设7S模型

1. 珠三角地区企业工作价值观因子分析

珠三角地区企业得益于特殊的地缘优势、时代优势、社会优势，其企业文化相对成熟，也逐步形成了具有一定特色的企业工作价值观。

为了简化分析，本课题调查采用了因子分析法，即对企业工作价值观进行因子提取，采用KMO和Bartlett球形检验。根据统计，本次调查KMO值为0.532，Bartlett球形检验统计量为111.927，$P=0.004$，达到显著性水平，表明适合对数据做因子分析。见图2。

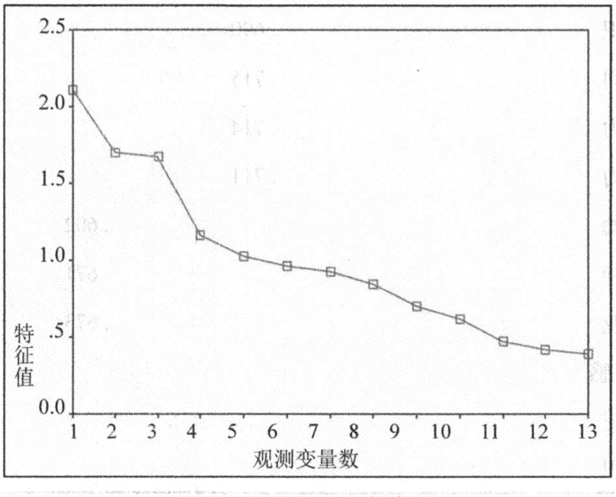

图2　主成分分析菜点图

从图2可以看出，在因子提取过程中，根据特征值大于1的原则，可提取4个公因子，用4个公因子足以反应14个因子的70.35%的信息。

为了最大限度减少误差，采取主成分分析法提取因子，用正交方差极大法旋转因子。见表3、表4。

表3　各因子特征值及差贡献率

因子	特征值	方差贡献率%	累计贡献率%
1	2.168	23.483	23.483
2	2.091	18.505	41.98
3	1.598	14.412	56.39
4	1.340	13.950	70.35
…	…	…	…
17	.063	.547	100.000

表4　旋转后的因子负荷矩阵

	因子1	因子2	因子3	因子4
尊重劳动	.767			
和谐有序	.702			
制度规范	.720			
成本意识		.690		
市场导向		.715		
领导能力		.714		
创新能力		.711		
职业道德			.602	
团队精神			.671	
诚信敬业			.673	
社会责任感				.565
公平公正				.664
责任意识				.677

根据表4，我们提炼出以下4个因子并进行定义：

制度性因子：指企业所认同的工作价值观是建立在对劳动的尊重、对制度的遵循、对和谐的追求之上的，包含尊重劳动、和谐有序、制度规范等项目。表现为珠三角企业重视企业文化建设，建立了相关的规章制度，尊重劳动者的劳动成果，从而建立一种和谐的劳资关系。

创新因子：指企业要求企业员工在工作中树立市场意识、成本意识、强烈的创新意识、创新能力、领导能力等，以便在激烈的竞争中立于不败之地。表现为珠三角企业注重节约成本，紧贴市场需求，通过技术、管理创新在市场竞争中求得生存。

诚信因子：指企业注重诚信经营，注重企业团队合作与团队建设，遵循职业道德，包含职业道德、诚信敬业、团队精神等项目。

社会责任因子：一方面指企业员工有强烈的岗位责任感，另一方面指企业有强烈的社会责任感。表现为珠三角地区企业的社会责任强烈，慈善文化氛围浓厚，在社会危难时刻，彰显着一个企业对社会的责任与回报。

2. 基于工作价值观层面的珠三角企业文化建设现状

工作价值观是企业文化的有机组成部分，剖析珠三角地区优秀企业工作价值观的特点，必须全面分析珠三角地区企业文化建设现状。

图3、表5是本次企业文化建设问卷调查的数据统计。

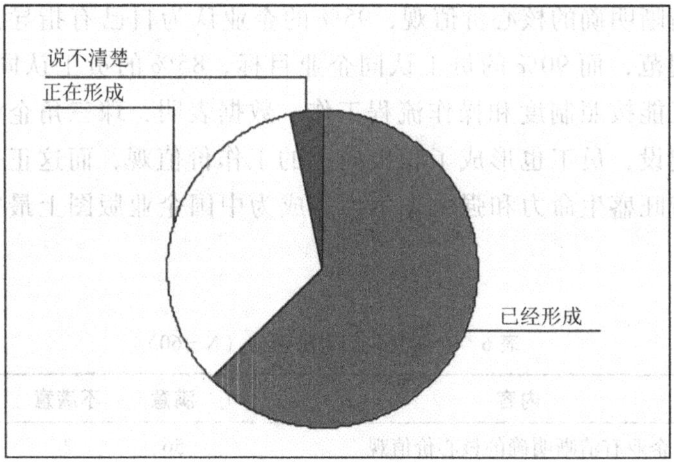

图3　企业文化建设现状

表5　不同性质的企业文化建设现状（N=60）

企业性质	企业文化建设现状		
	已经形成	正在形成	说不清楚
国有企业	11	2	1
民营企业	20	15	4
中外合资企业	4	1	1
外资企业	1	0	0

从图3可以看出，在接受调查的60家企业中，61.7%的企业表示已经形成了比较成熟的企业文化，33.3%的企业表示正在努力建设完善的企业文化，只有5%的企业对企业文化建设的现状不太了解。从表5可以看出，国有企业中有78%的企业形成了比较成熟的企业文化，民营企业中有57%的企业形成了比较成熟的企业文化，有外资参与或者外资企业中有71%的企业形成了比较成熟的企业文化。这表明，珠三角地区市场经济发育较早也较成熟，企业在激烈的市场竞争中认识到，没有文化，就没有企业，企业的竞争最终是企业文化的竞争。因此，本次调查所涉及的民营企业（38%）都在努力构建自己的企业文化。

表6是关于企业文化中一些主要构成因素的调查结果：93%的企业认为自己有清晰明确的核心价值观，95%的企业认为自己有指导公司员工行为的道德规范，而90%的员工认同企业目标，85%的员工认同协作精神，93%的员工能按照制度和操作流程工作。数据表明，珠三角企业注重核心价值观的建设，员工也形成了积极向上的工作价值观，而这正是珠三角企业得以保持旺盛生命力和强大竞争力、成为中国企业版图上最突出亮色的关键因素。

表6　企业文化因素的评价（N=60）

内容	满意	不满意	说不清楚
企业有清晰明确的核心价值观	56	2	2
员工对于企业目标已达成广泛共识	54	2	4
企业有指导公司员工的行为的道德规范	57	3	0

续表

内容	满意	不满意	说不清楚
企业组织中有明显的权责划分	50	3	7
团队协作的目的是完成工作，而不是分出层级	51	3	6
即使给自己带来不便，员工也愿意向同事提供帮助	44	6	10
企业制度健全，即使不愿意用制度来约束员工	42	6	12
员工严格按照制度与操作流程工作	56	1	3

四、校企合作中工作价值观的融通与对接现状

高等职业院校培养的人才能够"下得去、留得住、用得上"，除了要具备突出的专业技能外，还要有良好的工作价值观。目前，高等职业院校努力将企业真实环境和氛围引入校园，把简单的验证性实验和课堂技能培训改变为校内生产性实训和企业顶岗实习，目的就是缩短学校与企业的距离，实现"学生"与"员工"身份的转换，提高企业对高职院校学生的认可度和满意度。

从调查情况来看，大力引入企业工作价值观教育，已经得到高等职业院校的广泛认同，也收到了一定的成效，但也存在诸多问题。

1. 95%的企业认为高职院校有必要加强工作价值观教育，33%的企业对目前校企合作的现状不太满意

强化校企合作，推进合作办学、合作育人、合作就业、合作发展，是高等职业院校提高人才培养质量和办学水平、增强服务区域经济社会发展能力的必由之路。珠三角庞大的企业群体、多元化的企业类型，为校企合作提供了得天独厚的条件。对于众多优秀企业来说，他们希望能牵手更多的高职院校，希望与高职院校开展深层次的合作，希望能将自身优秀的企业文化和工作价值观渗透到高职院校的教育教学之中。

表7是关于调研企业对于高职院校加强工作价值观教育重要性的看法。调查表明，95%的企业认为高职院校有必要加强工作价值观教育。

表7　高职院校加强工作价值观教育的必要性（N＝60）

内容	频数	频率（%）
非常必要，有利于高职院校培养出所需要的高素质人才	43	71
有一定必要，有助于高职院校提升人才培养质量	14	23
没有必要，影响企业生产和学校工作	3	5

表8所列是校企合作满意度情况。调查显示，企业对目前校企合作“不大满意”的情况还比较严重：只签署1所合作院校的企业中，有24%的企业对合作“不大满意”；签署2所合作院校的企业中，有22%的企业对合作“不大满意”；签署3所合作院校企业中，有33%的企业对合作“不大满意”；签署4所及以上合作院校的企业中，有8%的企业对合作表示“非常不满”。

表8　校企合作满意度情况（N＝55）

签署合作高职院校数量	合作满意度			
	非常满意	比较满意	不大满意	非常不满
1所	4	15	6	0
2所	1	7	2	0
3所	0	6	2	0
4所及以上	2	8	1	1
小计	7	36	11	1
$\eta=0.246$　　$P=0.7$				

对于本企业接收的高职院校毕业生，其职业技能与职业道德总体来说能得到企业的认可。但也有一部分企业对高职院校毕业生的岗位技能、专业知识、团队精神、职业道德、心理素质、创新能力表示“不满意”或“非常不满”，这需要高职院校高度关注。参见表9。

从表10可以看出，企业在选聘人才时候，最看重的素质是职业道德、团队精神以及创新能力，这充分表明了高职院校加强学生工作价值观教育的必要性。

表 9　企业对高职院校毕业生的评价（N＝60）

	非常满意	比较满意	不满意	非常不满
岗位技能	10	41	4	5
专业知识	8	45	3	4
团队精神	11	40	4	5
职业道德和工作态度	10	37	7	6
心理素质	6	39	8	7
创新与研发能力	4	34	17	5

表 10　企业选聘高职院校毕业生最看重的素质（N＝57）

	频数	频率（%）
职业道德	54	94
团队精神	50	87
创新能力	37	64
适应能力	35	61
沟通能力	32	56
文化知识	21	36
专业技能	30	52
学历水平	14	24

2. 高职院校重视与企业的合作，也把企业文化建设状况作为是否开展合作的一个重要参考指标

调研发现，珠三角地区 57% 的高职院校成立有专门的校企合作管理机构，有 71% 的高职院校签署了 150 个以上的合作企业。在选取合作企业的时候，所有的高职院院校都把该企业的文化建设情况作为是否签约的一个重要参考。相关统计数据见图 4、图 5、表 11。

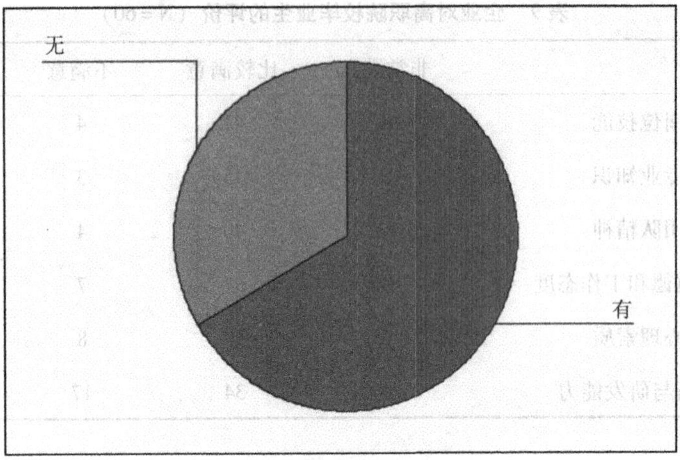

图4　高职院校有无校企合作管理机构

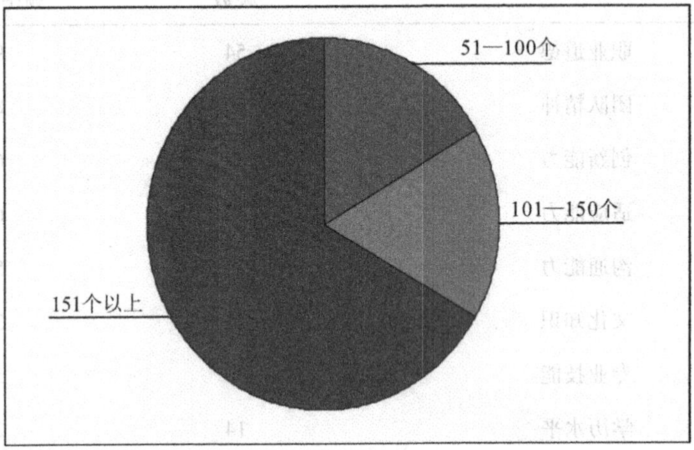

图5　与高职院校签署合作协议的企业数量

表11　学校性质与校企合作管理机构、合作企业数交互分类表（N=8）

院校类型	有无校企业合作管理机构		签署合作协议企业数量		
	有	无	100个以下	101—150个	151个以上
国家示范性高职院校	1	1	1	0	1
国家骨干高职院校	1	2	0	1	2
一般高职院校	3	0	0	0	2

在校企合作中，有85.7%的高职院校通过开设企业文化课程、企业文化专题讲座等加强对学生的工作价值观教育（图6所示），42.9%的学校在校内实训场所通过各种形式介绍一些优秀企业的工作价值观，57.1%的学校在相关的专业实训室介绍合作企业的工作价值观（图7所示）。

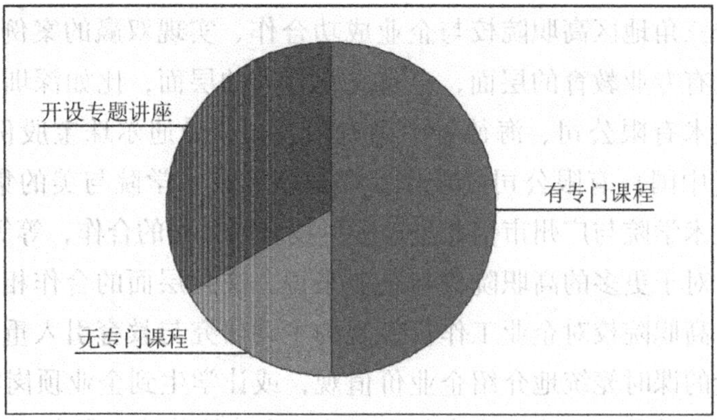

图6　为学生开设介绍企业文化建设的专门课程

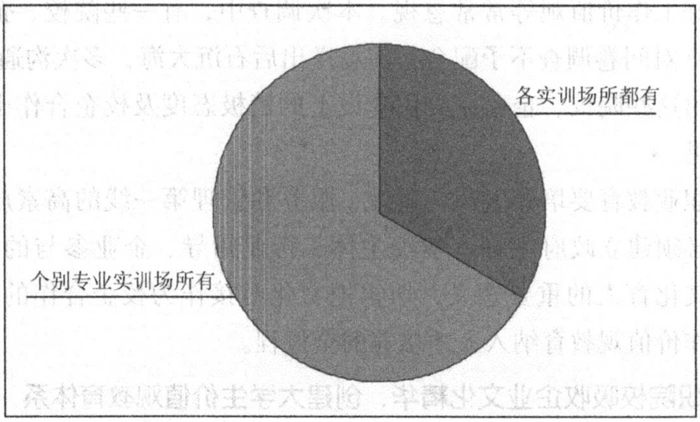

图7　校内实训场所介绍著名企业的工作价值观

五、优秀企业工作价值观融入高职院校价值观教育的路径选择

问卷分析表明，无论是企业还是高职院校都充分认识到校企合作中文化

对接的重要意义，部分院校也采取了一些切实可行的办法来加强文化的交流与融合。但是从企业反馈情况来看，校企合作中文化对接的成效还不尽如人意，校企双方需要深刻反思，找到高职院校与企业文化对接的有效实现路径。

1. 政府学校行业企业四方联动，高度重视大学生工作价值观教育

当前珠三角地区高职院校与企业成功合作、实现双赢的案例很多，而且这种合作既有专业教育的层面，也有文化育人的层面，比如深圳职业技术学院与华为技术有限公司、海德堡中国有限公司、爱迪尔珠宝股份有限公司、金蝶软件（中国）有限公司的合作，顺德职业技术学院与美的集团的合作，番禺职业技术学院与广州市倍儿悦动漫科技有限公司的合作，等等。

但是，对于更多的高职院校与企业来说，文化层面的合作相对薄弱，甚至是匮乏。高职院校对企业工作价值观的主动研究与教育引入重视不够，或仅安排少量的课时笼统地介绍企业价值观，或让学生到企业顶岗实习时“自我感知”企业价值观。企业在参与高职院校人才培养的过程中，对专业设置、课程开发、实训场地建设等方面投入最多，但对主动传播自身企业文化、培养学生良好工作价值观等常常忽视。本次调查中，有一些院校、企业（包括知名企业）对问卷调查不予配合，问卷送出后石沉大海，多次沟通亦无着落，此举反映出这些院校、企业在文化建设上的消极态度及校企合作中文化对接的短视之见。

高等职业教育要培养生产、建设、服务和管理第一线的高素质技能型专门人才，必须建立政府主导、学校主体、行业指导、企业参与的联动机制，充分认识文化育人的重要意义，切实把文化对接作为校企合作的重要内容，切实把工作价值观教育纳入人才培养的全过程。

2. 高职院校吸收企业文化精华，创建大学生价值观教育体系

教育部在《关于推进中等和高等职业教育协调发展的指导意见》（教职成［2011］9号）中指出，要“研究借鉴优秀企业文化，培育具有职业学校特点的校园文化”[13]。把企业文化“移植”到大学校园中，建设具有特色的高职院校校园文化，最主要的目的还是培养学生的职业素养，提升毕业生的职场适应能力，增强服务经济社会发展的能力。

吸收企业文化精华，要以精神文化为重点。高职院校的校园精神要与企业行业文化建设相衔接，积极借鉴和吸纳企业价值观、企业精神、战略目标和管理理念，高职院校的校风、学风建设等要与优秀企业的精神追求和企业工作价值观等紧密结合在一起。

吸收企业文化精华，要以物质文化为基础。高职院校在校园环境建设、教学场地建设上，要把优秀企业特别是合作企业的文化因素（如企业核心价值观、使命、愿景、工作价值观等）、重大成就等通过橱窗、宣传栏、海报等形式予以宣传和介绍，以便让学生自我约束，自我完善，努力成为企业最欢迎的人才。

吸收企业文化精华，要以课程文化为亮点。课程文化是指按照社会对学生获得社会生存能力的要求而形成的一种课程观念和课程活动形态。高职院校要在专业理论教学、实践教学中注重加入企业文化的要素，介绍优秀企业文化的案例；把企业文化教育与就业指导、职业生涯规划有机结合起来。

吸收企业文化精华，要以文化活动为平台。高职院校应把丰富多彩的社团活动、各类学术讲座和专业竞赛活动以及文化节、体育节、技能节等，作为企业文化进校园的途径。还应充分利用校刊、广播、网络等传媒手段，建立校企互动平台，以满足学生学习企业文化的需求。

3. 校企合作开发职业道德教育课程，打造工作价值观教育载体

近些年来，我国企业文化建设风起云涌，成绩卓著。地处改革开放前沿阵地的珠三角地区，企业文化更是各领风骚。如华为技术有限公司、中兴通讯股份有限公司、万科企业股份有限公司、美的集团等。对于这些知名企业的文化建设特色与成就的研究文章与专著，可谓林林总总，数量繁多。

但是，从调研情况来看，珠三角地区目前还没有一家高职院校开发出一套立足本地区的优秀企业文化读本。在相关职业道德教程中，也几乎没有独立介绍珠三角企业文化建设的章节。在一些有关职业道德建设的专题讲座中，作为案例的企业也没有很强的针对性。

因此，目前珠三角高职院校亟需与一批优秀企业合作，共同开发有关企业文化的课程和教材，认真落实“产业文化进教育，工业文化进校园，企业文化进课堂”活动；也可以邀请企业里高级、中级、普通员工中的优秀代表或成功人物走进校园、走进课堂，与大学生分享他们工作的体会；高职院校也需要利用实训室、文化长廊、校报校刊等媒介，广泛宣讲企业先进员工的事迹等等。总之，通过诸多形式，使优秀企业文化精神走进课堂，使优秀工作价值观深入大学生心中，为他们毕业后尽快适应职场、在各自的岗位上发挥“主人翁精神”奠定坚实的思想基础。

4. 高职院校学生积极参与企业活动，潜移默化地接受工作价值观教育

工作实践、文化生活是工作价值观形成的基本途径。在课题调研过程，我们发现很多企业经常举行丰富多彩的文化活动，比如运动会、文化节、拓展训练等等，这些活动对培养员工的团队精神、拼搏精神、集体荣誉感、归属感等等帮助很大。像金蝶国际软件集团有限公司、深圳中航信息科技产业股份有限公司、中国华西企业有限公司、深圳市明喆物业管理有限公司等等还将企业文化活动制作成各类专题视频、展板，成为教育、激发员工的生动教材。

高职院校推行校企合作、工学结合的最佳途径之一是学生顶岗实习。从一定意义上说，顶岗实习是高职院校学生工作价值观的实践课。学生顶岗实习过程中，去听、去看、去做，无时无刻不在经历企业工作价值观无声地滋润与熏陶。因此，高职院校和企业必须充分把握这一教育环节，按照企业的管理规范、岗位标准严格要求实习学生，让学生自觉完成向“员工”身份的转换。对学生在实习中出现的问题，不能“高抬贵手”，否则就很难达到工作价值观教育的目的。

此外，还要鼓励校企合作开展形式的交流活动，比如技能大比武、各类体育比赛、社区服务、户外活动等，为高校学生与企业员工创造一定的接触机会，在活动中互相学习、互通有无，增进感情，特别是让大学生更多地了解企业员工的工作价值观，促进自身职业素养的养成。

参考文献

[1] 中共中央关于深化文化体制改革推动社会主义文化大发展大繁荣若干重大问题的决定［N］. 人民日报，2011-10-26（1）.

[2]［3］全国高职高专校长联席会议. 高等职业教育改革与发展报告(2000—2010年)［C］. 北京：高等教育出版社，2010.

[4] 教育部. 关于以就业为导向深化高等职业教育改革的若干意见（教高［2001］1号）［EB/OL］. http：//www. moe. gov. cn/publicfiles/business/htmlfiles/moe/moe_ 737/201001/xxgk_ 79654. html.

[5] 教育部. 关于推进高等职业教育改革创新引领职业教育科学发展的若干意见［EB/OL］. 中华人民共和国教育部网站，2011-9-29. http：//www.

moe. gov. cn/publicfiles/business/htmlfiles/moe/s6342/201407/xxgk_ 171561. html.

[6] 鲁昕. 在高等职业教育引领职业教育科学发展战略研讨班上的讲话(2011 年6 月8 日). 教育部职业教育与成人教育司，高等职业教育引领职业教育科学发展战略研讨班资料汇编（2011）[C].

[7] 中国企业文化促进会. 2006—2020 年中国企业文化建设发展规划纲要 [C]，北京：中央编译出版社，2006：68.

[8] 张剑，唐正中. 80 后员工工作价值观研究 [J]. 管理观察，2009(35).

[9] 詹姆斯·C. 科林斯，杰瑞·波拉斯. 基业长青 [M]. 北京：中信出版社，2009：10.

[10] 国家发展和改革委员会. 珠江三角洲地区改革发展规划刚要(2008—2020 年) [EB/OL]. 人民网，2009-1-8. http：//politics. people. com. cn/GB/1026/8644751. html.

[11] 王吉鹏. 企业文化建设 [M]. 北京：企业管理出版社，2010：27.

[12] 王吉鹏. 企业文化建设 [M]. 北京：企业管理出版社，2010：41—50.

[13] 教育部. 关于推进中等和高等职业教育协调发展的指导意见 [EB/OL]. 中华人民共和国教育部网站，2011-8-30. http：//www. moe. gov. cn/publicfiles/business/htmlfiles/moe/s5995/201407/xxgk_ 171564. html.

高职院校引入企业工作价值观教育的机制与策略探略

张效民　谭属春

摘要：高职院校人才培养的特征，决定高职院校人才培养过程中必须引入企业工作价值观教育。本文结合深圳职业技术学院引入企业工作价值观教育的探索和实践，分析了高职院校引入企业工作价值观教育的结合点和引入原则，提出要从争取政策支持、校企互动互利、搭建合作平台、拓宽引入途径四个方面建立高职院校引入企业工作价值观教育的长效机制。

关键词：高职院校　企业工作价值观　教育　长效机制

作者简介：张效民，深圳市政协副主席、深圳职业技术学院副院长；谭属春，深圳职业技术学院文化育人研究与发展中心主任、研究员。

项目资助：本文是全国教育科学"十一五"规划教育部重点课题"职业教育校企合作中工业文化对接的研究与实验"之子课题"珠三角优秀企业工作价值观对职业院校职业价值观教育的渗透研究"（项目编号：〔2010〕CY 0002）研究成果。

高职院校人才培养的特征，决定高职院校人才培养过程中必须引入企业工作价值观教育。随着以校企合作、工学结合为核心的高职教育人才培养模式改革的不断深入，企业文化尤其是企业工作价值观对高职院校人才培养的影响越来越大，在高职院校中引入企业工作价值观教育也越来越受到各高职院校的重视。但是，目前的校企融合，基本上还处于教学与科研领域的合作方面，在文化层面的相互渗透与融合还远远不够，仍然处于自发阶段，对于高职院校与企业工作价值观融合的结合点在哪里、如何建立校企文化融合的有效机制、通过哪些途径来渗透与融合等问题，还有待进一步深入研究和探讨。近年来，深圳职业技术学院充分利用珠三角地区优秀企业注重文化建设的优势，在与企业合作过程中特别注意引入珠三角地区优秀企业的工作价值观教育，强化对学生职业素养的养成教育，取得了较好的成绩。本文试图结合深圳职业技术学院的探索和实践，就高职院校引入企业工作价值观教育的机制与策略问题进行初步的探讨。

一、高职院校与企业工作价值观相互融合的结合点

高职院校不是企业，两者的目标与任务不同，价值追求不同，内部组织结构、运作模式也不一样。高职院校不能盲目引进企业的工作价值观，要找准两者互相融合的结合点。高职院校的根本任务是培养人才，学校的一切工作最终都要为培养人才服务。高职院校人才培养的目标是生产、建设、管理、服务第一线的应用性人才，具有鲜明的职业性、复合性、岗位性、技术性特征。企业文化一般指企业长期形成的共同理想、基本价值观、作风、生活习惯和行为规范的总称，是企业在经营管理过程中创造的具有本企业特色的精神财富的总和[1]。其中企业工作价值观是企业及其员工的价值取向，是指企业在追求经营成功过程中所推崇的基本信念和奉行的目标，是企业主体或多数员工一致赞同的关于企业意识的终极判断，是企业精神的灵魂，企业文化的核心。企业工作价值观的内容十分丰富，既包括企业和员工对企业的愿景、使命、生存和发展的基本理念，也包括员工对待企业和工作的认识、态度、作风和习惯；既包括企业和员工对待客户与顾客的认识和态度，也包括企业对待员工的认识和态度；等等。而且不同企业工作价值观又都有自己的特色和侧重，可以说是异彩纷呈。但是，从我们对珠三角优秀企业工作价值观的对照分析来看，其中有一个十分重要的共同特点就是注重以人为本，重视人的作用，把人当作提高质量和生产效率的根本源泉，而不是把自动化技术程度当作根本；重视人才的培养与成长，不仅注意在使用人中培养人，而且十分注重对员工的教育和培训，重视员工个人发展和自我价值的实现。如华为公司以“成就客户，艰苦奋斗，自我批判，开放进取，至诚守信，团队合作”六条作为核心价值观[2]。正因为如此，华为公司在对待人的问题上，主张“以人为本，尊重个性，集体奋斗，视人才为公司最大财富而不迁就人才；

在独立自主基础上开放合作和创造性地发展世界领先的核心技术体系，崇尚创新精神和敬业精神；爱祖国、爱人民、爱事业和爱生活，绝不让雷锋吃亏；在顾客、员工和合作者之间结成利益共同体！”TCL公司的核心价值观是：“为顾客创造价值，为员工创造机会，为社会创造效益。”万科的核心价值观是：“创造健康丰富的人生，客户是我们永远的伙伴，人才是万科的资本，阳光照亮的体制，持续的增长和领跑。”[3]这两个企业核心价值观都十分重视员工的作用，把为员工提供一个成就自我的理想平台作为企业追求的重要目标。比亚迪公司的核心价值观是：“公平、务实、激情、创新。坚持以人为本，坚信员工是比亚迪最大的财富。”[4]为提高员工素质，公司于2004年兴建了比亚迪技工学校，让员工能够再次感受教育带来的巨大改变，为员工自我价值的实现创造更多的机会。

因此，重视人才的培养和人才素质的提高是高职院校和企业工作价值观的共同点，只是高职院校主要是在教育中培养人，而企业则侧重在使用中培养人。培养人是高职院校引入企业工作价值观教育的结合点。高职院校要从有利于学生成长，有利于学生职业素养提高这个角度来引入企业工作价值观中有利于人才培养的因素。高职院校校企合作的一切工作都要围绕如何提高学生的综合职业素质来展开。企业也要着眼长远发展，不仅要把调动员工的积极性，发挥员工的作用作为企业生存和发展的根本，而且要把培养人，促进人的成长与发展作为企业的重要任务，把参与学校人才培养作为企业不可推卸的职责，作为企业人才战略的重要组成部分，主动参与高职院校人才培养工作，把本企业的优秀工作价值观输送到高职院校，又从高职院校人才培养中吸取营养，不断完善和丰富本企业的工作价值观，从而实现高职院校与企业工作价值观的相互渗透和有机融合。

二、建立高职院校引入企业工作价值观教育的长效机制

机制泛指一个工作系统的组织或部分之间相互作用的过程和方式。建立高职院校引入企业工作价值观教育的长效机制，就是要建立高职院校引入企业工作价值观教育的长效方式和有效途径。企业工作价值观存在于企业，如果不通过一定的途径与方式，高职院校对企业工作价值观就不可能真正了解，也不可能真正引入企业工作价值观。更为重要的是，引入企业工作价值观教

育，并非是在课堂上给学生灌输就能够起作用的，而必须让学生亲身体验或营造真实的工作环境，在其中融入企业工作价值观，必须将企业工作价值观中有利于人才成长的因素渗透到学校教学、管理和服务的各个环节，对学生实施严格的养成教育，才能达到目的。因此，建立有效的引入企业工作价值观教育的机制，实现高职院校人才培养与企业工作价值观的有机渗透与融合十分重要。结合深圳职业技术学院的实践，笔者认为应重点从以下几个方面着手：

1. 争取政策支持

高职院校引入企业工作价值观教育，不是几个观念的简单引进，必须有产学合作作为基础和后盾。没有广泛、深入的产学合作，引入企业工作价值观教育就会陷入空谈，难以达到预期目标。而产学合作是一项非常复杂的系统工程，涉及学校、社会、企业和学生等各方面的关系和利益，没有政府强有力的政策保障，产学合作就很难真正深入、持续地开展下去。国外发达国家产学合作之所以成功，与政府政策、法律上的支持是分不开的。我国产学合作之所以落后，发展不平衡，一个非常重要的原因就是政府有关产学合作的法律和政策不完善，缺乏强有力的政策支持和保障。因此，笔者认为，进一步完善产学合作的法律和政策，加大产学合作的支持力度，是推进高职院校引入企业工作价值观教育的一个重要条件。这其中既要有刚性的法律规定，又要有柔性的激励政策。如，国家应该通过相关法律，严格规定企业必须承担产学合作的任务，而职业院校也必须走产学合作之路，让行业企业参与学校人才培养的全过程，要明确产学合作中校、企双方的权利和义务，为产学合作提供强有力的法律保障；政府下拨给职业院校的经费中，有一部分以学生实习券形式下拨，保证学生到企业实习的时间，而企业则凭承担学生的实习任务获得的实习券即可抵扣企业应交的税收，对支持职业院校学生实习、支持学校实训设备的企业实行税收优惠或专项补助政策，将企业用于产学合作的费用纳入企业经营成本进行税收减免或冲抵税收，等等[5]。这样就能激励校企双方积极推进产学合作，保障学生有足够的时间到企业亲自体验企业的工作氛围和工作环境，接受企业工作价值观的熏陶。

2. 校企互动互利

高职院校引入企业工作价值观教育，是产学合作的一项重要内容。实践证明，任何合作要想持续发展，都必须建立在合作双方互利互动的基础之上，否则就难以持久地坚持下去。因此，建立互利互动的利益驱动机制是高职院校能够成功引入企业工作价值观教育的内在动力。这就需要高职院校与企业双方合作过程中，在满足自身利益的同时，要尽量多考虑对方的利益，最大限度地满足对方的利益，这样双方的合作才能持久、深入，高职院校引入企业工作价值观教育才能真正落到实处。

从高职院校来说，一是要按照行业、企业用人的要求来反思和调整专业人才培养目标和规格，完善专业人才培养方案，让行业、企业参与专业人才培养全过程，努力培养符合企业需要的高素质应用性人才。二是要充分利用高职院校的人才、科技、信息等方面的优势，解决企业的技术、管理、经营方面的难题，开展新技术、新产品的开发。通过为企业服务，一方面提升企业的竞争力，另一方面也为企业文化，尤其是企业工作价值观引入学校人才培养中打开通路。三是要利用高职院校的教学资源对企业员工进行培训，提高员工的技术技能水平和文化素养，并让员工吸收校园文化的长处，进一步丰富和提升企业文化。四是让企业获得经济利益，如获得政府减免税、贴息贷款等政策性优惠，通过与学校的合作获得直接的经济利益等。五是要注意提高企业及其产品的知名度，树立企业良好的社会形象。

作为企业来说，首先是要提高认识，参与学校人才培养工作，深化校企合作，不仅是企业应尽的社会责任和义务，而且有利于企业的长远发展。其次是要全方位、全过程参与学校人才培养工作，帮助学校深化专业教学改革，真正使学校办学水平和人才培养质量得到提高。第三是要尽量帮助解决学校办学过程中的实际困难。

总之，校企双方都应该充分利用各自的优势和条件，在满足双方核心利益的前提下，寻找合作项目，促进双方合作的深入发展，形成强大的利益驱动机制。尤其是高职院校，在校企合作过程中，更要发挥主体作用，善于发现和满足企业的个性化需求，积极主动的开发校企合作项目，不断深化校企合作的内涵。只有让企业在合作中获得实实在在的利益，才能真正调动企业参与产学合作和学校人才培养工作的积极性，产生校企合作的内在动力。企业工作价值观也就自然会融入校园文化和学校人才培养工作中。

3. 搭建合作平台

高职院校引入企业工作价值观教育，必须要有一定的组织机构作为载体或平台才能实现。目前部分高职院校建立的董事会、专业管理委员会、联合办学董事会、专业指导委员会、产学合作委员会、校内生产性实训基地、校外实训基地、产学研联合体、订单式培养机构、与企业合作办学的专业或院系等产学合作组织机构，都可以作为引入企业工作价值观教育的载体或平台。有了这样一些载体或平台，就可以顺利地将企业工作价值观引入到学校人才培养工作中，实现企业工作价值观教育与学校人才培养工作的有机结合，促进学生职业素质的提高。如深圳职业技术学院自建校起每个专业都成立以行业、企业专家为主体的专业管理委员会，其主要职责：一是根据深圳经济发展的需要和行业的要求，确定本专业的培养目标；二是确定本专业与上岗有关的知识能力结构标准；三是审定专业教学计划；四是审定专业各门课程教学大纲和技能训练大纲；五是审定专业知识和技能考核的标准及方法；六是研究教学中出现的重大问题并及时指导解决；七是协调管理校内教学和校外实习，实行产学结合；八是指导、推荐毕业生就业。此外，深圳职业技术学院还要求每个专业都要挂牌建立3个以上校外实训基地，这些挂牌的校外实训基地，不仅承担学生的校外实习、专业教师的顶岗实习等任务，还和学校有关专业开展科技研发、员工培训、专业共建、实训室共建等合作，逐步发展为产学研联合体。目前学校各专业共计挂牌建立的校外实训基地达到1175个。通过这样一些合作形式，学校与深圳市1800余家著名的企事业单位建立了密切联系，集中了深圳各行各业1100余位专家共同参与深圳职业技术学院的人才培养工作，非常自然地把行业、企业对专业人才素质的要求和企业工作价值观引入到学校各专业人才培养工作中，有力地促进了学生综合职业素质的提高。

4. 拓宽引入途径

高职院校引入企业工作价值观教育不是一般的教育理论或教育理念问题，也不是在课堂上进行企业工作价值观灌输就能解决问题的，而是校企深度合作培养人才的一种教育改革实践。其根本目标是要提高学生的综合职业素养，促进学生的全面发展。因此，必须开辟多种途径，将企业价值观教育渗透到高职院校人才培养的各个环节。

首先是营造真实的职业环境，强化学生职业素质的养成教育。实践教学是引入企业工作价值观教育的最佳途径。为此，在校内实践教学基地的每个实训室，从设备、厂房、建筑、工艺流程、管理水准、人员配置和要求、工作标准及质量和安全等方面都要注意模拟职业环境，营造浓郁的现代企业工作氛围，尤其是要把企业对员工的要求和现代企业文化渗透到学生实训过程中。通过实训不仅能提高学生的技术技能水平，也能养成学生良好的职业素质。如深圳职业技术学院工业中心的“机械加工实训车间”，除设置金属加工生产需要的生产设备外，还按生产工艺需要，使用黄白相间的斑马条将涂有地面漆的场地划分为操作区域、讲训区域、物流区域、物流通道、人流通道等，按ISO9000要求，从物料准备、工艺流程、品质控制、包装仓储到跟踪技术服务等方面全过程地训练学生，实训车间的墙上装挂着所有的操作规程，横梁立柱上贴上“生产必须安全，安全才能生产，提高品质意识，遵守现场纪律”等标语警示[6]。整个实训室与实际生产的机械加工车间环境几乎一样。学生上实训课要求“打卡考勤”，课前、课后集合训话，实训现场推行7S（整理、整顿、清扫、清洁、素养、安全、节约）管理方式等，让学生受到现代企业管理与规范严格的训练[7]。具体到每个实训项目或一门实训课程，也有明确的职业素养方面的要求。上述这些要求和内容就包括了许多企业的工作价值观在其中。这样，就把企业工作价值观教育很自然地融入到了校内实践教学和学生的技能训练当中，在这种严格的训练当中养成他们良好的职业素养。

其次，要不断深化校企合作、工学结合人才培养模式改革。学生在校内的实训或教育，只能完成一些基本的职业素质的训练，对企业工作价值观有个初步的了解与体验，而要使学生真正了解企业，感受现代企业氛围，把企业工作价值观教育真正内化到学生的职业素养中去，还是要走向社会，在实际工作岗位中接受锻炼。因此，校企合作、工学结合是高职院校引入企业工作价值观教育的重要途径。工学结合的形式很多，如学校直接承接企业的生产任务，让学生实地参与企业生产和产品开发，或企业与学校合作，将企业生产车间与学校实训室融为一体，使学生在真实的生产环境中完成生产和实训双重任务等。但最重要的，还是要充分发挥校外实训基地的作用，把学生半年顶岗实习落到实处。一方面，学生经过校内的学习和实训，已经掌握了基本的职业技能，具有直接上岗操作的能力，不会给企业生产带来太大的影响；另一方面，学生到企业顶岗实习，完全融入企业的生产过程，成为企业员工中的一员，就能真正体会到企业工作价值观和企业对员工要求的每个细节，从而使他们的职业素质得到提高，毕业后就能马上适应企业的工作。

第三是加大企业文化和企业工作价值观的宣传力度，营造良好的企业文化氛围。如利用校园的空间如教室、走廊、黑板报等，将某一企业的文化作为专题进行展示，或将几个或许多企业的企业文化成果进行综合展示[8]。在校园营造浓郁企业文化的氛围，让学生在这种氛围熏陶下潜移默化地接受企业文化的影响，举办企业名人专题讲座、专题报告、企业文化论坛等多种形式的企业名人进校园活动，对学生进行企业价值理念、品牌文化、企业核心竞争力、企业对人才素质的要求等相关内容的教育，让学生自己去体验企业文化及企业工作价值观，反思和查找自身的素质与企业要求之间的差距，从而促进自身综合职业素质的提高。

第四是将企业工作价值观教育渗透到学生日常教育与管理的各个环节。如在学生日常行为规范和大学生日常管理过程中渗透企业文化和企业工作价值观的有关内容，贯穿到学生大学生活的全过程。按照全员育人的原则，将企业工作价值观渗透到学校管理、服务各项工作中，融入企业元素，不断提高学校的管理水平和服务质量，让学生在亲身感受优秀的企业工作价值观给他们带来优质服务的同时，也潜移默化地受到影响和教育。在校园文化和校园环境建设中融入优秀的企业文化理念和因素，使学生处处受到企业文化的熏陶。这些都会提高企业工作价值观教育的效果。

三、高职院校引入企业工作价值观教育的原则

高职院校引入企业工作价值观教育既有必要又有一定的基础，但学校和企业毕竟是两种不同性质的组织，二者的目标是完全不同的。而且各种不同企业之间，其企业文化、价值观差别很大，良莠不齐，十分复杂，这就给高职院校引入企业工作价值观教育增加了一定的困难。因此必须进行分析甄别，而不能盲目照搬。具体来说应该遵守如下原则：

1. 源于企业、高于企业的原则

高职院校引入企业工作价值观教育切忌盲目照搬，简单移植，而要贯彻“源于企业，高于企业”的原则，这一原则包括如下几层含义：一是要去其糟粕，取其精华，引入企业工作价值观中优秀的、有利于学生成长成才的内容。且不说企业千差万别、良莠不齐，就是某些优秀企业，受社会环境和利益驱动的影响，其工作价值观也并非全部都是优秀的、合理的，有些企业文

化用文字表达的东西与实际情况还有很大距离。因此，高职院校引入企业工作价值观教育过程中，不仅要注意分析甄别，引入其中优秀的内容对学生进行教育，而且在学生到企业见习、顶岗实习过程中，还要教育学生也要学会用批判的眼光来看待和接受企业工作价值观，避免受企业的一些不良风气和习惯的影响。二是我们引入企业工作价值观教育，并不是一味地去迎合企业工作价值观，更不是照搬企业工作价值观，让学生全盘接受，而是指在学校教学和人才培养工作的各个环节都要注意融入优秀的企业工作价值观，从中汲取营养，使学校培养的人才更加符合企业对人才素质的要求。三是要对企业工作价值观进行综合研究。每个企业都有每个企业的文化和工作价值观，都有自己的特点。面对众多优秀企业的文化和不同特色的企业工作价值观，如果不进行综合研究，我们在引入过程中就会无所适从，难于取舍。因此，高职院校在引入企业工作价值观教育过程中，必须充分发挥高职院校的主体作用。不仅学校要有专人从事企业文化的研究，各个专业也要有专业教师进行相关职业或行业的企业文化研究[9]。按照学校人才培养的目标和企业对人才素质的要求，对各个不同企业的文化和工作价值观进行比较、分析、提炼和综合，然后再有机地融入学校的教学、管理、服务各个环节中去。这样才能真正实现企业工作价值观与学校人才培养工作的有机融合，真正提高学校人才培养的质量。

2. 有利于学生成长成才的原则

高职院校的根本任务是培养适应企业需要的高职素质应用性人才。高职院校引入企业工作价值观教育本身不是目的，目的是要提高学生的综合职业素质。应该说企业文化与高职院校校园文化也有许多共同点，尤其是在对人才培养方面有许多值得相互借鉴的地方。但高职院校与企业毕竟是两种不同性质的组织，二者的任务和职责是完全不同的。因此，高职院校引入企业工作价值观教育不能为引入而引入，而是一切都要围绕学生成长成才这个中心来引入。具体来说，一是引入企业工作价值观教育，不能生搬硬套，而要将其转化为学生能够接受的内容。企业工作价值观毕竟是在企业生产过程中体现出来的，离开了企业那种特殊的工作环境，学生不一定能够准确地理解和接受。这就要求学校尤其是教师在引入企业工作价值观教育中，一定要对企业工作价值观的有关内容进行分析、综合和消化，将其转化为学生能够接受的内容，有机地融入到专业教学内容和学校管理、服务各环节中去，才能对学生成长成才发生作用。二是要形式多样，切忌单一呆板。当前我们处于一个信息高度发达的信息化社会，学生接受信息渠道多，知识面广；当代大学生又大多出身于独生子女家庭，他们思想活跃，自我意识比较强。因此，在高职院校引入企业工作价值观教育仅凭简单的灌输说教是解决不了问题的，必须根据形势的不断发展和高职院校学生的特点，采取灵活多样的，为广大学生所喜闻乐见的教育形式，从学生自身成长的需要出发，把企业工作价值观有机地融入其中，才能真正让学生所接受，并内化为学生的职业素质。三是要注意把握教育的时机。一般来说，学生刚入校进行入学专业思想教育时，学生刚到学校，对一切都比较新鲜，是引入企业工作价值观教育的较好时机，可以通过带学生参观校史展览，参观有关企业，请企业知名人士和已经毕业的校友来校做报告等途径对学生进行企业工作价值观的初步教育。此后，学生在大一时到企业见习，学校每年6、7月份的毕业生校园招聘会，校内实践教学基地的技能训练以及学生毕业前的顶岗实习等，也都是引入企业工作价值观教育的较好时机，如果能够充分利用，往往能够收到事半功倍的效果。

3. 因地制宜，突出特色的原则

由于各高职院校所处的地区社会经济发展情况、社会经济结构不同，高职院校内各系各专业的具体情况存在很大差异，对应的岗位对人才素质要求也不一样。因此，高职院校引入企业工作价值观教育一定要打破一刀切与千人一面的思维定式，突出本校本专业的特色。各学校要根据本地区社会经济发展对人才素质的要求以及产业结构的特点，有针对性地引入企业工作价值观教育，开展校园文化建设。各系各专业也要根据不同行业企业的要求，从各自的具体情况出发，找出适合于自身文化建设的切入点，建立起自己的目标，建立起自己的“系文化”甚至“专业文化”。“应该把相应行业企业的不同素质要求渗透于本系各专业的每个教育教学环节中，强化专业知识教育与企业文化的联系，教学计划、教学大纲、实践环节、考试考核、文化活动等都要体现出对专业素养的养成教育。”[10]只有这样，才能把企业工作价值观教育落实到各个专业的教育教学工作中去，才能把企业工作价值观教育与专业教育有机地结合起来，真正达到提高学生职业素养的目的。

参考文献

［1］刘大纶．论校园文化与企业文化的内在联系［J］．江苏经贸职业技

术学院学报，2006（3）.

［2］李信忠．华为非常道［M］．北京：机械工业出版社，2010.

［3］知名企业核心价值观．http：//www．docin．com/p37599107．html.

［4］李佳怡．王传福与比亚迪［M］．杭州：浙江人民出版社，2008-11.

［5］谭属春．试论高职教育产学合作的长效机制［J］．黑龙江高教研究，2010（7）.

［6］邱川弘．高职高专实践教学基地建设的研究［J］．实验技术与管理，2000（6）.

［7］谭属春．论高职教育实践教学的原则［J］．实验室研究与探索，2009，28（6）.

［8］［9］张燕红．以校企文化的融合促进高职校园文化建设［J］．当代教育论坛，2001（11）.

［10］祝红．配合企业文化的高职校园文化建设探究［J］．市场周刊·理论研究，2008（1）.

高职院校引入企业工作价值观教育的内容与路径

倪赤丹

摘要： 高等职业教育引入企业工作价值观教育是加强学生职业综合培养、提升学生可持续发展能力的重要手段。高职院校企业工作价值观教育的内容应当是一个开放体系，既要反映当前社会文化尤其先进的工业文化发展的新趋势，又要契合当代高职学生的心理特征和实际需求。研究认为，高职院校应当通过校企共建人才培养方案、共建行动导向的职业教育课程、企业工作价值观的实践教育体系构建、校企融合的校园文化建设等路径引入企业工作价值观。

关键词： 高职院校　企业工作价值观　教育　内容　路径

作者简介： 倪赤丹，深圳职业技术学院经济学院副教授。

项目资助： 本文是全国教育科学"十一五"规划教育部重点课题"职业教育校企合作中工业文化对接的研究与实验"之子课题"珠三角优秀企业工作价值观对职业院校职业价值观教育的渗透研究"（项目编号：〔2010〕CY0002）研究成果。

变革、重组与交流，是20世纪世界文化格局的根本特征，处于这一文化格局中心地带的教育不仅面临着前所未有的发展机遇，而且注定要承受这种文化变革与转型所带来的震荡与冲击。作为这一变革与交流中的重要文化景观，高等职业教育逐渐构建了自己较具特色的以能力本位为核心的办学理念和目标追求，但其基本价值取向仍然徘徊在我国传统"功利性实用教育"的阴影中。高职教育要培养出受社会欢迎的应用型、复合型人才，培养具有较强创新意识和实践能力的高技能人才，仅靠提高科学知识、专业技能是远远不够的，还必须加强学生职业综合素质的培养，其核心就是要引入企业工作价值观，加强高职学生的企业工作价值观的教育。

企业工作价值观是个人价值观的重要组成部分，是个人对企业工作活动的需求、偏好及期望，并对其今后职业生涯有着重大影响[1]。诚如相关研究所表明的：当个体的价值观与组织或职业群体强调的价值观相一致时，个体会感觉更满足，更快乐，工作更有动力，对组织也会更忠诚。因此，高职院校引入企业工作价值观教育无论对于实现高职教育目标，还是对于高职学生自我实现都有着重要意义。

一、高职学生企业工作价值观教育的特点

高职教育是为适应国家经济建设和社会发展对高级技术应用型人才的迫切需求而兴盛起来的，是为生产、建设、管理、服务第一线培养高素质的实用型、技能型人才的专门教育。高职教育是兼有高等教育和职业教育这两种类型和层次的本质属性的一种教育模式，同社会生产力与生产关系、经济基础与上层建筑都有着密切的联系，既具有生产力的社会属性，又具有上层建筑的社会属性。教育部在关于加强高职高专教育人才培养工作的意见中强调指出，高职高专毕业生要在具有必备的基础理论知识和专门知识的基础上，重点掌握从事本专业领域实际工作的基本能力和基本技能，具有创业精神、良好的职业道德和健全的体魄。这些规定表明，高职院校在教育教学中必须坚持培养学生全面发展的原则，在培养学生的专业技能的同时，尤其要注重学生的职业道德建设和企业工作价值观的建设。

其一，高职院校引入企业工作价值观教育应当契合高职生的实际需求。高职生是我国当前社会建设和工业现代化的生力军，同时也是我国产业结构转型、创新型国家建设的重要推动力量，作为当代中国青年的重要组成群体，他们充满青春活力，思维活跃，自我意识强烈，有着自我实现和自我发展的强烈需求，在价值多元化的背景下，他们迫切希望通过自己的努力实现自我，证明自我存在的价值。但是，由于社会分工及专业的细分，部分学生并不了解自己所学的专业的价值及其在社会分工体系中的作用，从而也不了解所学专业面临的工作环境，从而对社会对工作表现出一种关心与冷漠并存的心态。同时，由于对自己在职业生活中的角色和义务没有明确的认识，他们也不知

展而言，这些不仅是企业的行为规范和基本要求，更是企业员工必备的职业素养[2]。

高职院校开展企业工作价值观教育的内容应当是一个开放的体系，应当与时俱进，既要反映当前社会文化尤其先进的工业文化发展的新趋势，又要契合当代高职学生的心理特征和实际需求。只有这样，才能实现企业工作价值观教育的目标。

三、高职院校引入企业工作价值观教育的路径

1. 政校行企四方联动，共建人才培养方案

高职院校在高职学生企业工作价值观的培养过程中不能孤军奋战，请企业参与是高职院校办学的必要措施，也无疑是高职学生企业工作价值观培养的重要保证。但近年来我国高职院校校企合作办学的实践表明，企业参与培养主要考虑的是企业经营的利益，然后才是培养人，这必然影响了校企合作的深入，从而使得校企合作办学停留在较浅的层面。其实，大家都看到了职业教育发展必然要走校企合作的路子，但是对于如何推进校企合作，却依然缺乏可行的方案。而西方国家如德国的经验是值得我们借鉴的，其双元制办学采取的是政府主导、行会要求、企业参与的培育模式，效果十分明显。因此，我们要切实提高职业教育水平，必然需要通过职业教育立法，来明确政府、行业、企业、学校在人才培养体系中的应当扮演的角色，从而有效规范校企合作的模式。当然，应当在保证企业基本利益的情况下，让行业、企业、学校共同制定高职院校的人才培养方案，这样才能培养出适合行业、企业岗位需求的具有可持续发展能力的人才。

2. 校企共建行动导向的职业教育课程

课程建设是高职教育的重要载体，因此学校教师与企业的技术人员合作共同开发课程，不仅可以使课程内容贴近实际工作，而且对于工业文化融入课程也提供了便利。1990 年代初，我国开始尝试引进加拿大的职业教育课程开发方法，其最大的亮点和本质创新就在于通过引进企业的专业技术人员参与学校课程开发，从而提高课程教育与实际工作的一致性。近年来，职业教育校企合作的实践证明，来自企业的优秀工作人员参与下确定的典型工作任

务更加符合实际，合作编写的教材能够与相关岗位群的技能标准对接得更好。校企合作共同开发职业教育课程的过程与结果，都是洋溢着工业文化氛围的职业教育课程文化载体[3]。

比如物流专业，实践技能课程的操作性特点要求课程建设必须依赖于企业的物流实践活动。一些分析与实践相结合的技能，比如物流仓储管理中的进、销、存分析，物流市场调查分析，这些实践环节一般具有系统性，因此必须从系统角度出发，必须有企业参与才能达到实践教学的要求。而这种企业参与开发的实践课程，在每个实践环节都渗透着企业对员工工作价值观的要求，具有非常好的价值观的训导作用。

3. 探索企业工作价值观的实践教育体系

实践是价值观形成的基本途径，企业工作价值观来源于实践，并且在实践中得以完善。因此要让学生真正地进入实践，在实践中使自己的价值观与企业的价值观产生碰撞，从而调整自己的价值观，以更好地适应社会。高职院校要将学生引到社会现实中去听、去看、去做，去感受社会发展的脉搏，了解社会对各职业要求的同时，积极提升自身的企业工作价值观。社会实践和技能训练是高职教育的特色，因此，要在工学结合的教育环节中渗透企业工作价值观的要素。

要按照优秀企业的管理规范建设具有浓厚企业氛围的实习实训室。高职教育所追求的“教学做”一体化，在教室建设方面就应该严格按照企业的要求。如汽车实训室的高度、宽度、通风通气设施，应该完全按照企业的标准进行建设。

要在顶岗实习中训练学生的职业素养。不同的行业有不同的职业要求，顶岗实习是高职学生企业价值观的实践课。学生完成好顶岗实习，就是真正地经历了企业工作价值观无声的滋润与熏陶。在实习实践中要培养学生的职业素养，因为职业素养比技能更重要。

4. 吸收企业文化精华，建设校企融合的校园文化

把企业文化移植到校园中，建设具有特色的高职校园文化，熏陶学生的综合职业素质，培养学生的企业工作价值观。

要以精神文化为重点，在高职教育中加强学生的企业精神教育。企业的精神文化又叫企业文化的精神层，相对于企业物质文化和行为文化来说，企

业的精神文化是一种更深层次的文化现象，在整个企业文化系统中，它处于核心地位。学校精神是学校办学指导思想、人才培养模式、管理理念、师生道德修养、学校传统、专业特色、时代精神、理想追求等的集中表现。高职院校的校园精神要与企业和市场衔接，借鉴、吸纳企业价值观、企业精神、战略目标和经营理念，校风、校纪、校训建设要与企业精神的培养和企业职业道德教育紧密联系在一起。

要以物质文化为基础，营造具有浓厚企业文化氛围的高职校园环境。高职院校在建设物质层次的校园文化时应处处呈现明显的企业文化色彩。高职院校学生的核心竞争力，不是体现在理论水平上，而是体现在实践水平和动手能力上，因此，实践教学环节的教学设施的建设尤为重要。建立理实一体化教学的专业教室、一流的实验实训楼是非常必要的。校园环境的布置，不是简单地在墙壁上悬挂名人名言，更要将市场对人才的需求信息、行业与专业的发展趋势、业内成功人士的资料、业界用人的最新要求、优秀毕业生的成长经历等与职业息息相关的内容用于环境布置，以便让学生感受行业的日新月异，增强学习的紧迫感和学习动力。

要以制度文化和行为文化为落脚点，让学生养成职业规范意识和职业行为习惯。在制度文化与行为文化建设上，高职院校对学生的品德教育的要注重与社会公德、职业道德教育的融合，在管理模式上也不能仅偏重于对学生的刚性管理，而应注重汲取优秀企业的管理经验和文化内容，强化诸如诚信、守纪、敬业、团结等与企业文化有密切关联的教育内容，特别注意培养与企业员工相同的行为规范。同时，第二课堂、社团、学生会、团委等各类学校学生组织的构建，无不体现出民主、公平、正义等制度因素的参与和作用。在这种制度文化氛围下造就的学生能够遵章守纪，客观地对待团体和他人，摆正自己的位置。

要以课程文化为亮点，将技能培训与企业价值观培养结合起来。课程文化是指按照社会对学生获得社会生存能力的要求而形成的一种课程观念和课程活动形态。高职院校课程文化集中表现为科学与人文、理论与实践相结合的课程文化观和课程活动观，并在课程目标、课程内容和课程实施三个层面上展示其主要内涵及特点。在专业理论教学中注重加入企业文化的要素；在实践课程教学中注重结合相关优秀企业文化的实例；设立企业文化教育课程，把企业文化教育与就业指导、职业生涯规划有机结合起来。

要以文化活动为平台，以高职生喜闻乐见的方式加强企业工作价值观的渗透。高职院校要开展丰富多彩的社团活动，定期或不定期安排各类学术讲座和专业竞赛活动，形成参与式教学，发挥学生的主体作用，让学生做课堂的主人。在节假日、庆典日等常规活动的基础上，要与企业单位联谊，办好技能文化节等活动，通过引进企业技能竞赛等营造企业文化氛围对学生进行熏陶。此外，还应充分利用校园网络等宣传阵地，广泛建立网上互动平台，以满足学生了解、学习企业文化的需求。

总之，作为对现代经济生活的一种回应，高等职业教育倡导以能力为本位的人才培养模式，它在强调实践能力的同时，其实质是包含着知识、能力、价值于一体的素质结构，这也就决定了高职教育应当引入企业工作价值观的教育，并且在高职教育的各个环节渗透企业工作价值观教育的要素，从而培养出具有可持续发展能力、适应岗位需求的完整的人。

参考文献

[1] 白利刚. 我国青年学生的职业价值观研究 [J]. 心理学报，1999 (3)：347.

[2] 廖小平. 高职学生企业文化素质培养刍议 [J]. 中国高教研究，2006 (11)：55—56.

[3] 余祖光. 把先进工业文化引进职业院校的校园 [J]. 工业技术与职业教育，2010 (9)：1—5.

附　录

中共深圳职业技术学院委员会
关于进一步加强师资队伍建设，促进协同创新和人才培养改革的意见

为贯彻落实教育部《关于全面提高高等教育质量的若干意见》（教高〔2012〕4号）、教育部财政部《关于实施高等学校创新能力提升计划的意见》（教技〔2012〕6号）、省政府《关于建设高素质专业化教师队伍的意见》和市政府《关于进一步加强教师队伍建设提高教育核心竞争力的意见》文件精神，进一步加强师资队伍建设，促进学校教育质量全面提升，根据学校《"十二五"发展规划》以及《关于开展产学研用协同创新的决定》《关于加强复合式创新型高素质高技能人才培养改革的决定》要求，提出如下意见：

一、充分认识加强师资队伍建设的重要性

教育大计，教师为本。学校建校以来，一直高度重视师资队伍建设，教师规模迅速扩大、整体素质不断提高，为学校成为我国高职教育的"一面旗帜"作出了重要贡献。但仍然存在师德师风建设有待加强、专业素质和协同创新能力有待提高、管理体制机制亟需完善等方面不足，必须引起高度重视。当前，学校正以内涵发展、创新发展、转型发展为主线，积极实施"产学研用协同创新计划"和推进复合式创新型高素质高技能人才培养改革。要把加强师资队伍建设作为学校事业发展最重要的基础工作来抓，全面提升师资队伍质量，确保产学研用协同创新和复合式创新型人才培养改革的顺利推进，为将学校建设成为具有中国特色的世界一流应用技术型大学提供坚实保障。

二、明确加强师资队伍建设的指导思想和目标任务

1. 指导思想

深入贯彻落实科学发展观，以“政校行企四方联动，产学研用立体推进”办学思想为根本出发点，坚持“需求导向、全面开放、深度融合、创新引领”，面向国家战略和区域发展重大需求，以复合式创新型高素质高技能人才培养改革为核心，把师资队伍建设放在更加突出的战略位置，为顺利实施“产学研用协同创新计划”和推进复合式创新型人才培养改革，全面提高学校教育质量，提供人才保障和智力支撑。

2. 目标任务

围绕协同创新中心建设和复合式创新型人才培养改革，到“十二五”末，学校教职工总数达2500人，全职专任教师1750人，其中在编专任教师1400人。在编专任教师中，正高210人、副高620人，高级职称比例达到60%；具有博士学位者420人，博士比例达到30%；“双师”比例达到90%以上；来自企业的兼职教师与校内专任教师的比例达到1：1以上。引进海内外高层次人才15名左右，新增“珠江学者”1—2名、“鹏城学者”2—3名，新增国家与省级教学名师奖3—5名、深圳市教学名师奖10名、“千百十工程”国家级与省级培养对象5—6名、一批一流的教学和研发团队，培养和引进一批有影响的“技艺大师”。

三、实施师资队伍质量提升工程

1. 以德为先，进一步加强师德师风建设

加强教师职业理想和职业道德教育，切实提高教师的职业道德修养，增强广大教师教书育人的责任感和使命感。制订《教师手册》，引导教师严谨笃学、爱岗敬业、淡泊名利、自尊自律，以人格魅力和学识魅力教育感染学生，做学生健康成长的引路人。加强教师学术诚信制度建设，培育良好的学术道德和风气。建立师德档案，将师德表现作为教师评优评先、职称评聘、绩效考核的重要内容。坚持惩防并举，实施师德表现“一票否决制”，对师

德考核不合格的教师依据相关政策予以解聘。

2. 解放思想，营造敢想敢干的良好环境

开展解放思想大讨论，进一步统一思想，凝聚人心，使广大教师真正合心、合力、合拍，有力推进学校协同创新和人才培养改革。通过讨论，树立科学发展意识，进一步增强不进则退、慢进也是退的紧迫感和责任感；树立改革创新意识，建立激励干事创业的人才机制，倡导用改革创新精神谋事干事成事，鼓励敢闯敢试、敢想敢干、敢为人先，在全校上下形成尊重改革者、鼓励探索者的校园氛围；树立开放合作意识，坚持用现代大学发展视野审视学校的发展，用开放、交流、合作的理念促进学校教师队伍的建设，切实提高学校的开放度，以更加积极主动的姿态，拓展学校发展新空间。

3. 引进与培养并重，集聚高层次人才

依托教育部“高层次创造性人才计划”、广东省“高等学校高层次人才项目”和深圳市“孔雀计划”“鹏城学者计划”等高层次人才的引进和培养平台，制订《引进杰出人才和优秀人才暂行规定》，设立专项基金，加大海内外杰出人才和优秀人才引进力度。同时，采取切实有效措施，着力提高专任教师中具有博士学位的比例。

大力支持高层次人才开展新技术研发、参加国际学术会议、到境外著名职业院校或跨国公司进修学习等，进一步提升其专业技术水平、教育教学能力、课程开发能力和教育管理能力。

4. 探索高职教师资格证制度，着力提升专任教师双师素质

加强专任教师职业能力建设，提高专任教师专业水平。制订《关于提升专任教师双师素质的实施办法》和《职教师资资格认定办法》，明确双师素质的资格要求及培养方式。建立“专任教师资格证书”制度，开展教学能力常规性测试工作，明确专任教师必须具备“高校教师资格证”“半年以上企业一线工作经验”等基本条件。

修订完善《专任教师下企业实践管理办法》，明确新入职的无企业工作经验的专任教师必须下企业实践、专任教师在规定年限内重复下企业实践等要求，同时加强专任教师下企业实践的目标管理和过程管理，鼓励教师取得高级技师资格证书，确保下企业实践取得实效。

5. 力推协同创新，重点培育一流的教学和研发团队

以体制机制改革为重点，以创新能力提升为突破口，以“不求所有，但求所用”的开放姿态，打破领域、区域和类别归属的界限，打破条块分割、组织内外部边界，实现创新要素最大限度的整合和资源在创新群体内部无障碍流动，融聚各方优秀人才，重点培育一流的教学和研发团队。出台《柔性引进企业骨干人才管理办法》，建立企业骨干人才信息库，构建学校与行业、企业协同创新平台，打通校企人力资源共享的通道，从企业中柔性引进一批具有丰富实践经验和精湛专业技能的技术专家和管理人才。

6. 加强交流与合作，大力推进师资队伍国际化

制订《提高教师国际化水平的实施办法》，修订完善《选派出国进修人员管理办法》；不断提高教师外语应用水平，探索专业针对性更强的短期公派出国（境）培训项目，继续加大高级研究学者、访问学者和短期出国岗位培训等公派出国力度；积极探索项目合作、语言培训、合作办学等其他国际交流方式；加大遴选骨干教师中长期出国进修或短期出国培训的经费资助力度；拓宽与境外大学、科研机构、跨国公司等机构之间的交流与合作路径，增加聘用外籍教师的比例，全面提升师资队伍的国际化水平。

四、推进师资管理体制机制创新

1. 构建促进产学研用协同创新的用人机制

根据产学研用协同创新的新要求，实行互聘与流动，并建立以创新质量和对经济社会的贡献为主导，注重原始创新，解决社会经济发展重大需求的考核机制、综合评价机制和退出机制。按一定比例保留学校高级专业技术岗位，在用于引进紧缺人才、高层次人才时，实行计划单列。探索二级教学单位弹性编制管理办法，为企业和社会优秀技能型人才到学校任教创造条件。教师在协同创新中心的工作量纳入教师绩效考核之中，折抵学校规定的教师工作量。

2. 建立推进复合式创新型人才培养改革的激励机制

根据复合式创新型人才培养改革的新要求，建立导向清晰、公开透明、可操作强的分配制度，形成人才培养改革成效和对个人收入与所聘岗位挂钩、

与年度考核和聘期考核挂钩，对部门切块分配、考核挂钩的绩效管理机制。鼓励和引导教师投身复合课程改革，积极探索专业课程与通识课程的复合互补、文科课程与理工课程的复合互补、专业课程与创新创业课程的复合互补、常规课程与网络课程的复合互补、校内课程与企业（行业）课程的复合互补、课程学分与各类成果置换等新模式。

3. 完善教师职称评聘制度

按照国家深化职称制度改革的方向和总体要求，完善专任教师职称评聘制度，加大双师素质情况在评聘指标体系中的份量，并逐步向基本条件过渡。根据深圳市最近下发的关于加强教师队伍建设文件的精神，积极向市人事部门申请适当增加我校高级专业技术岗位比例标准。健全教师职称管理与岗位管理衔接机制，积极探索校内专业技术岗位聘用制度。

4. 健全教研活动长效机制

完善《教研活动管理办法》，加强教研活动管理，并促进其规范化、制度化和常态化。各教学单位要紧紧围绕着产学研用协同创新和复合式创新型高素质高技能人才培养改革，积极开展多个层面、多种形式的教研活动，加强教研活动的组织、检查和考核，并将活动开展情况纳入教师的年终考核。

五、强化师资队伍建设工作保障

1. 组织保障

学校成立师资队伍建设领导小组，校长任组长，分管师资队伍建设的副校长任副组长，组员包括：人事处处长、副处长，师资与职称管理办公室主任等。师资队伍建设领导小组负责组织领导各项计划的落实执行。

充分发挥人事工作教授委员会的作用，参与师资队伍建设相关文件拟订，对学校人才的引进和制度构建进行审议和提供科学咨询意见。成立由人事工作教授委员会成员担任负责人的项目组，具体负责各项计划的组织实施，确保计划落到实处。

充分调动各二级部门参与师资队伍建设的积极性，将师资队伍建设纳入各二级部门的考核指标，群策群力做好师资队伍建设工作。

2. 资金保障

学校继续加大师资队伍建设的资金投入，“十二五”期间，学校师资队伍建设共投入经费约6000万元。其中，高层次人才、企业骨干人才引进和培养经费2000万元，教学和研发团队建设经费500万元，推进师资队伍国际化经费2000万元，双师型教师培养经费500万元，教师学历提升与业务进修经费500万元，教师教育教学能力培养和提升经费500万元。

中共深圳职业技术学院委员会关于进一步加强管理干部队伍建设，促进协同创新与人才培养改革的意见

管理干部是学校事业发展的骨干力量。为建设一支善于办学治校的高素质管理干部队伍，努力为学校“协同创新”与“复合式创新型高素质高技能人才培养改革”工作提供可靠的组织保障，现结合我校实际，就进一步加强学校管理干部队伍建设，提出如下意见：

一、指导思想

以邓小平理论、“三个代表”重要思想为指导，全面贯彻落实科学发展观，立足于国家经济转型产业升级，立足于学校长远发展，立足于学生可持续发展，努力建设一支善于办学治校、作风过硬、具有高效执行力与突出创新力的高素质干部队伍，为推动学校“协同创新”与“复合式创新型高素质高技能人才培养改革”工作，把学校建设成立足深圳、服务广东、示范全国的开放式、创新型、国际化的中国特色世界一流的应用技术型大学提供坚强的组织保障。

二、目标任务

坚持围绕学校“协同创新”与“复合式创新型高素质高技能人才培养改革”两项中心工作，不断加强管理干部队伍能力建设。重点推进管理干部创新力、执行力提升与工作作风改进的工作。进一步完善管理干部队伍选人用人机制，构建能上能下、人岗相适、人尽其才、富有生机的选人用人机制；进一步完善教育与培训制度，提升管理干部的政治素养和业务能力，打造学

习型、专家型的管理队伍，培育管理大师和重大管理成果；进一步完善管理干部绩效考核机制，强化管理干部队伍的执行力，激活管理干部队伍的创新力；进一步完善学校内部管理监督机制，加强管理干部的廉政建设。

三、重点推进管理干部创新力提升

实施“二级单位创新能力提升计划”。主要通过创新主题系列教育活动与二级单位创新能力综合评估工作来推进管理干部创新力的提升。

1. 转变思想观念，增强创新意识

开展“增强创新意识、推进中心工作”主题系列教育活动。要求管理干部认真学习中央、省市以及学校党委有关协同创新工作的重要文件精神，思考本系统本部门创新工作的思路与做法，制定切实可行的行动计划。通过“主题读书、专题讲座、研讨会、交流学习”等多种形式的思想教育活动，对全体管理干部进行创新思维训练，组织全体管理干部学习创新理论，增强创新意识，培育创新理念，勇于创新实践。

2. 围绕中心工作，提升干部创新力

制订“二级单位创新能力综合评估方案”。围绕学校“协同创新”与“复合式创新型高素质高技能人才培养改革”两项中心工作，及时对各二级单位创新工作的落实情况进行督导与检查。每学年对各二级单位在创新力方面的表现进行综合评估，重点评估各单位各部门在两项中心工作中展现出来的“创新意识、创新思路、创新办法以及创新效果”，形成二级单位年度创新力综合评估报告。创新力综合评估报告采取定性与定量的方式，全面反映各二级单位的创新能力与创新工作的成绩，并将评估结果与各二级单位年度考核、管理干部待遇、使用与晋升挂钩。

四、重点推进管理干部执行力提升

1. 严格组织纪律，坚持“四个服从”

开展“干部组织纪律专题教育月”活动。定期开展教育月活动，进一步加强管理干部的组织纪律意识，严格管理干部的组织纪律性，坚持个人服从组织，少数服从多数，下级组织服从上级组织，基层服从党委。管理干部要带头执行校党委和校行政的决议决定，自觉维护制度和决策权威，模范带动和促进制度和决策的有效落实，不断提高执行力，保证学校各项政令畅通。

实施《二级学院议事规则》。各二级学院必须严格执行《二级学院议事规则》，班子每位成员既要关心全局工作，积极参与集体领导，又要根据集体的决定和分工，切实履行职责，做好分管工作，不断推进决策民主化。“三重一大”（重大事项决策、重要干部任免、重要项目安排、大额资金的使用）等事项必须按照《二级学院议事规则》的要求，坚持集体领导、民主集中、会议决定的原则集体研究决定，不断完善集体领导与个人分工负责相结合的制度，党政之间既要明确职责，又要协同合作，有效形成党政相互配合、协调运转的工作机制。

2. 强化过程监督，加强执行力建设

建立“工作计划执行情况抽查制度”。对学校每学年度工作要点的落实情况、各二级单位工作计划的实施情况进行不定期抽查，对重点工作实施全程检查，及时发现执行过程中存在的问题，督促干部加大执行力度、提升执行水平，保证学校每学年度主要工作思路与本单位工作计划得以高质量的落实。

建立“重大决策实施情况通报制度”。对各二级单位落实学校“协同创新”与“复合式创新型高素质高技能人才培养改革”两项中心工作的情况进行全程检查。明确各二级单位落实学校当前中心工作的进度、阶段目标，定期进行阶段性检查。及时通报工作进度、目标实现情况，实施工期倒排机制，并将各项检查结果与各二级单位年度考核、管理干部待遇、使用与晋升挂钩。

五、重点加强管理干部作风建设

1. 加强作风综合建设，树立求真务实的工作作风

开展“管理干部作风综合建设”活动。通过推进管理干部思想作风与廉政作风建设，在学校树立起求真务实的工作作风。一是加强思想作风建设。通过政治理论学习、五好领导班子创建活动、创先争优主题活动、党员领导干部民主生活会等多种形式活动进一步加强管理干部的思想作风建设。二是加强廉政作风建设。通过廉政纪律教育月、廉政主题读书、廉政知识竞赛等多种形式的活动进一步加强管理干部的廉政作风建设。三是通过加强思想作风与廉政作风建设，在管理干部队伍中进一步树立求真务实的工作作风。管理干部要按照“八个坚持、八个反对”的要求，认真思考学校当前中心工作，一心一意谋发展，营造求真务实的良好氛围。大力改进会风与文风，力戒空话套话，提高议决效率，反对形式主义、官僚主义，促进校园和谐，推动学校科学发展。

2. 构建行政问责机制，强化作风建设成效

构建行政问责机制。对在工作中，特别是在学校“协同创新”与“复合式创新型高素质高技能人才培养改革”两项中心工作表现出来的庸、懒、散以及不作为的现象进行有针对性的治理，对出现问题的单位或部门一把手和主管干部进行行政问责，督促干部勇于负责、敢于作为。

构建行政问责机制，还要建立与之配套的“首办（问）责任制”“绩效考核末位警示制度”。行政问责制要与干部的表彰与奖励结合，与干部绩效考核相结合，进一步改进干部作风，促进干部主动作为，逐步培育出“把心思集中在‘想干事’上，把胆识体现在‘敢干事’上，把能力展现在‘会干事’上，把目标落实在‘干成事’上”干部作风。

六、进一步完善管理干部选人用人机制

进一步完善管理干部选人用人机制，重视年轻干部、党外干部、妇女干部与少数民族干部的选拔与培养，优化我校管理干部队伍的结构比例。

1. 构建富有生机的选人用人机制

构建能上能下、人岗相适、人尽其才、富有生机的选人用人机制。中层管理干部继续实行三年一聘的任期制，进一步完善不同部门、岗位间管理干部交流与轮岗制度；加大竞争性选拔干部的力度，推行差额推荐、差额考察、差额酝酿制度；继续加大公开选拔、公开遴选、竞争上岗等竞争性选拔方式的力度，改进完善竞争上岗和公开选拔工作办法，提高竞争性选拔干部工作的质量；加大从基层一线选拔培养干部的力度，树立重视基层、关注基层的导向。

2. 进一步加强管理干部的交流与锻炼

构建充满活力的干部校内外交流机制。一是进一步推进管理干部在校内

跨单位跨部门的交流，畅通管理干部在党务与行政之间、教学教辅机构与机关之间交流渠道，加强管理干部校内交流的规范与管理，完善管理干部校内交流机制。二是探索建立“送出去”的干部校外交流制度，主动与校外对口扶持单位、共建单位、兄弟院校沟通，选派优秀年轻干部到校外挂职锻炼，开拓校内干部校外交流与锻炼的渠道，建立管理干部校外交流的各项制度与办法，逐步构建管理干部校外交流机制。

3. 进一步加强年轻干部的培养与选拔

构建逐级培养、逐级选拔的年轻干部选拔任用机制。加大年轻干部，尤其是科级干部的培养与选拔力度，提供一批中层助理的工作岗位，科学制定选拔办法与培养方案，为优秀地年轻干部提供锻炼机会与展示舞台。根据优秀年轻干部的特长与志向，有计划的选拔年轻干部到关键岗位培养与锻炼，为关键岗位培养与储备人才。依托校业余党校加大对年轻干部，尤其是科级干部的培训力度，建立专门针对年轻干部的培训与教育方案，提升年轻干部思想政治素养和行政管理水平。

七、进一步完善管理干部教育与培训制度

1. 通过业余党校进一步提升干部培训质量

打造管理干部培训与教育基地。按照省教育工委《关于加强高校党校规范化建设的指导意见》要求，学校党委将进一步加强业余党校的统筹领导与组织建设，完善业余党校干部培训工作的职能，把业余党校打造成学校管理干部队伍教育与培训的基地。通过业余党校进一步整合各项有关干部培训的组织协调工作，统一筹划和精心组织管理干部的教育培训活动，创新培训运行机制和培训内容、方式和手段，提高培训的针对性和实效性。完善干部教育培训激励约束机制，探索建立在培训中考察评价干部和培训成果跟踪管理等制度，把干部培训作为培养干部、发现干部、考察识别干部的重要渠道。

2. 组织开展形式多样的教育培训活动

严格执行上级统一部署的教育培训计划。根据市委建设学习型政党和大规模培训干部的要求，组织学校管理干部参加上级统一安排的干部轮训、自选培训以及在线学习等教育培训活动。依托深圳干部在线学习平台和干部培

训信息管理系统，认真落实好深圳市委下发的《干部在线学习管理办法（试行)》。充分利用上级党委优质的教育培训资源，促进学校管理干部队伍提高理论素养、优化知识结构，提升综合素质。

有序组织开展校级各项教育培训活动。重点建设国内培训与出国（境）培训两大系统工程。制定《中层管理干部培训管理办法》，明确国内培训与出国（境）培训的培训内容、任务要求、选拔机制以及考核办法，把中层管理干部国内培训和出国（境）培训规范化和制度化，为管理干部的学习与提高拓宽渠道，搭建平台。

认真做好干部自学读书活动。创新“中层管理干部读书”活动的形式，把每年一度的“中层管理干部读书”活动创新升级为“全体管理干部主题读书”活动。学校党委每年根据学校工作重点设置读书主题，指定阅读书籍与材料，布置读书的具体任务。新的主题读书活动更加注重主题读书的实效性和针对性，明确要求全体管理干部把主题读书与学校当前中心工作结合起来，撰写关于本职工作的心得体会或工作建议。

八、进一步完善管理干部绩效考核制度

1. 构建更加科学的管理干部考核体系

构建“专项评估、过程监督与年度考核”相结合的综合考核体系，不断改进和创新管理干部考核机制。

一是专项评估。对二级单位在学校当前两项中心工作、党委重大决策、党委指定要限时完成的重要事情等方面的表现分别进行专项评估，重点评估二级单位在创新力、执行力与工作成效等方面的表现，形成各项工作的评估结果。二是过程监督。通过实施“工作计划执行情况抽查制度”与“重大决策实施情况通报制度”对学校当前两项中心工作、每学年度党委工作要点的落实情况、各二级单位工作计划的实施情况进行全程监督，通过抽查或定期检查的方式，加大对重点工作执行过程的监督。三是年度考核。建立新的中层管理干部年度考核制度。按照“评价科学、导向准确、激励有效、操作简便”的原则，完善二级领导班子和领导干部考核内容，采取定性与定量相结合的考核方式，制订更加科学的打分、计分方法和评价量表，加大对管理干部素质和绩效的定量评定，注重考核评价指标的层次性，准确反映管理干部

履行职责和岗位要求。

2. 进一步强化考核结果导向功能

实施“考核结果一把手负责制”。无论是专项评价、过程监督还是年度考核，对于表现突出、考核结果优秀的二级单位，学校主要奖励一把手，对于问题突出，考核结果不及格的二级单位，学校主要问责一把手。

实施“考核结果与干部待遇、使用与晋升挂钩制”。加强对考核结果的分析与反馈，年度考核要形成全面、科学的考核数据，对于实绩突出、群众公认的优秀干部，要表彰奖励、提拔重用；对于存在明显缺陷的干部要予以教育引导、诫勉谈话、督促整改；对于力不胜任、德才平庸的干部，要坚决调整；对因失职渎职而造成重大事故或重大损失的，要依法依规严肃查处。通过对考核结果的运用形成注重品行、崇尚实干、群众公认的正确用人导向。

九、进一步完善校内管理监督机制

要求进一步完善内部管理监督机制，强化纪检监察（审计）室的监察审计职能，加强对选拔任用过程的监督审查工作，坚持任前公示阶段的廉政审查制度，干部廉政承诺制；加强对干部平时的管理与监督，强化内部审计和法律审查制度，落实教职工代表大会与工会会员代表大会对学校（学院）重大事务的监督与审查权，形成有力的管理与监督机制；认真落实民主生活会制度、谈心谈话制度、诫勉谈话和函询等制度，对干部存在的苗头性问题早发现、早提醒、早纠正。

十、管理干部队伍建设工作保障

1. 组织保障

为做好管理干部队伍建设工作，学校党委成立管理干部队伍建设领导小组，党委书记、校长刘洪一任组长，党委副书记陈小波任副组长，领导小组下设办公室，办公室设在党委办公室。管理干部队伍建设领导小组负责组织领导各项计划的落实执行。

2. 资金保障

设置管理干部队伍建设专项经费。“十二五”期间，学校管理干部队伍建设预计投入经费1500万元。其中，管理干部的培训教育经费500万元，创新能力提升经费500万元，管理干部国际化经费250万元，统战经费250万。

深圳职业技术学院
关于实施产学研用协同创新计划的决定

学校各单位：

为贯彻落实全国科技创新大会和胡锦涛总书记在清华大学百年校庆上的讲话精神及教育部、财政部《关于实施高等学校创新能力提升计划的意见》（教技［2012］6号，以下简称“2011计划”）、教育部《关于全面提高高等教育质量的若干意见》（教高［2012］4号，以下简称《若干意见》）等文件精神，深化学校“政校行企四方联动，产学研用立体推进”的办学思想和办学模式，根据《深圳职业技术学院“十二五”发展规划》总体要求，学校决定在全校实施产学研用协同创新计划，统筹部署和开展协同创新工作，全面提升我校创新能力和教育教学质量。

一、充分认识实施协同创新计划的重大意义

协同创新计划是以“国家急需、世界一流”为根本出发点，以协同创新项目为载体，以人才、学科、科研三位一体创新能力提升为核心任务，以“组织管理、人事制度、人才培养、人员考评、科研模式、资源配置方式、国际合作、创新文化建设”等八项机制体制改革为重点，积极构建“面向科学前沿、行业产业、区域发展以及文化传承创新重大需求”的四类协同创新模式，充分体现了其组织与管理创新的本质要义和改革与开放的内在要求，具有十分重大的现实意义。

胡锦涛总书记在清华大学百年校庆上提出，“要积极推动协同创新，通过体制机制创新和政策项目引导，鼓励高校同科研机构、企业开展深度合作，建立协同创新的战略联盟，促进资源共享，联合开展重大科研项目攻关，在

关键领域取得实质性成果，努力为建设创新型国家作出积极贡献”。这是第一次从国家战略高度出发对产学研用协同创新提出新的要求，不仅为我国高校积极推动协同创新指明了方向，而且就高校主动同科研机构、企业开展深度合作的方式提出了新的更高要求。基于产学研用合作的协同创新是国家创新体系中重要的创新模式，将带动中国高等教育发展理念的提升，成为深化高等教育改革的强大动力，必将有力推动全面提高高等教育质量。

我校自2008年起开始大力推进“政校行企四方联动、产学研用立体推进”的改革战略和办学模式，取得了明显效果。实施新一轮协同创新计划，进一步理顺学校的组织架构和创新内部管理的体制机制，聚合“政校行企”和科研院所的资源，对于学校内涵发展、创新发展、转型发展和国际化发展，培养“德业并进、学思并举、脑手并用”的高素质高技能人才，拓展国际教育交流合作，探索高职本科及以上层次应用性技术教育，争创开放式、创新型、国际化的中国特色世界一流的应用型技术大学具有十分重大的意义。

二、协同创新计划的指导思想与主要任务

1. 指导思想

贯彻落实“2011 计划”和《若干意见》“以机制体制改革引领协同创新，以协同创新引领高等学校创新能力的全面提升”的主体要求，以“政校行企四方联动，产学研用立体推进”办学思想为指导和根本出发点，坚持“需求导向、全面开放、深度融合、创新引领”，瞄准科技前沿，面向国家战略和区域发展重大需求，以人才培养模式改革为核心，启动从资源深度共享、项目深度合作，到建立协同创新战略联盟的体制机制改革，通过政策和项目引导，把教育教学、人才培养、科技创新、生产转化和社会服务有机结结合在一起，积极开展不同层面、不同类型、不同形式的协同创新。

2. 主要任务

制定《深圳职业技术学院产学研用协同创新实施方案》，实施有重点、系统化的协同创新工程。进一步深化和完善产学研用协同创新的体制机制改革，培育创新精神、推进制度创新、提升创新能力、发展创新文化，营造有利于创新人才辈出的良好环境；以开放、集成、高效的创新实践，促进成立

一个“政校行企”战略合作的协同创新基金；建成一批校级、市级“协同创新中心”，培育2—3个省级“协同创新中心”，创设中国职业教育协同创新中心，力争培育1个国家“协同创新中心”；组建数个区域性的产业技术创新战略联盟；形成一批区域性的协同创新平台；联合创设若干个特色学院、研究院所和技术中心；共建一批校企研发中心；共同设计开展一大批重大科技研发项目；组织和聚集多个一流的教学和研发团队；培养数万名一流的复合型技术应用人才；培育一批在业界有突出影响的重大标志性成果。

三、协同创新计划的基本要求

1. 突出组织和管理创新

打破领域、区域和类别归属的界限，打破条块分割、组织内外部边界，实现创新要素最大限度的整合和资源在创新群体内部无障碍流动。改革组织和管理模式，统筹创新资源，形成创新合力，推进学校、政府、行业、企业、研究机构等多主体协同开展多方位交流、多样化合作。

2. 坚持改革与开放

围绕制约协同创新的体制机制和政策等重大问题，在组织管理、人事制度、人才培养、考评体系、科研组织、资源配置、国际合作、创新文化等重点领域和关键环节上实现改革的新突破。不断深化开放的办学理念，以开放的心态和方式实施人才培养、科技研发、社会服务和文化传承，着力构建充满活力、富有效率、更加开放的体制机制和政策环境。

3. 体现统筹规划

切实加强对协同创新的组织领导和统筹规划，搞好协同创新的顶层设计，积极协调科研院所、行业企业、地方政府、各类产业（科技）联盟等创新力量，选择一批具有较强代表性和影响力的项目开展实施。通过科学选择协同创新方向、恰当选择协同创新模式、尽快组建协同创新联盟、积极营造协同创新环境等，分类型、分层次、有重点地进行布局，分期、分批开展工作。

4. 强调因地制宜

要根据深圳及珠三角地区经济社会发展的需求，立足本校、本部门工作实际，紧密契合创新项目的具体情况和要求，突出自身特性特色，明确创新目标，创造性多样化地开展工作，努力发挥先行先试示范带动作用。

协同创新计划的实施，是全面落实学校“十二五”发展规划各项工作的基本抓手和重要保障。学校将按照“统筹部署，分层实施；分类建设，择优支持；广泛聚集，多元投入”的原则，支持和鼓励协同创新工作的开展。学校各单位要充分认识到计划实施的重大意义，高度重视协同创新工作，抢抓机遇，增强创新发展的自觉性，制定落实计划的措施和操作性强的实施细则，为全面建设开放式、创新型、国际化的中国特色世界一流的应用型技术大学做出应有的贡献。

深圳职业技术学院
关于产学研用协同创新的实施方案

为贯彻落实《深圳职业技术学院“十二五”发展规划》和《深圳职业技术学院关于开展产学研用协同创新的决定》（以下简称《决定》）精神，响应构建国家创新体系战略和深圳市履行特区新使命的需要，特制定本实施方案。

一、总体目标

根据《决定》关于“十二五”期间协同创新工作的指导思想和主要任务，结合学校、学院、专业的具体实际，立足地方经济社会发展和应用型人才培养需要，努力突破产、学、研、用各自为政的壁垒，有效整合政、校、行、企等多方面资源，以育人为核心，全面提升人才培养质量和科研创新能力，力争用3—5年的时间，基本建成国内高校先进水平的协同创新体系，全面实现学校“十二五”期间的科研发展目标，争创创新型、开放式、国际化的中国特色世界一流职业技术大学。

二、主要内容

1. 优化协同创新组织模式及运行机制

以“政校行企四方联动，产学研用立体推进”核心，完善协同组织架构：深化、做实以学校为主，政府、行业和企业等多方参与的运行组织架构；调整组织运行模式：从传统的以院系为主的纵向组织模式，逐渐调整为以平台和中心为依托、以项目为牵引、人员可交叉流动的横向协同创新组织形式；完善协同制度支撑：突破校内外体制机制障碍，建立健全协同创新制度体系，为应用科技研发提供协同政策支撑；强化管理服务职能：完善和发挥产学研用处、科研处等职能部门作用，实现协同创新资源的开放共享、持续发展。

2. 组建数个引领行业发展的产业技术创新战略联盟

以深圳优势产业为基础，结合校内协同创新实力较强的3—5个理工科团队，与行业协会紧密合作，并联盟企业、大学、科研机构或其他组织机构，以提升产业技术创新能力和产业核心竞争力为目标，以具有法律约束力的契约为保障，形成引领行业发展，适应企业需求，联合开发、优势互补、利益共享、风险共担的产业技术创新战略联盟。

3. 培育和建设一批面向区域发展的协同创新中心（平台）

围绕深圳的支柱产业和战略新兴产业如电子信息、新能源、物联网、生物医药、文化产业等产业发展的重点和关键领域，发挥相关专业已有基础和优势，构建高水平科技研发平台，培育和建设8个左右面向区域产业、企业、有较强技术研发能力的协同创新中心（平台），以进一步提高学校专业创新能力和创新水平，提升学校服务产业发展的能力。

4. 创设若干个特色学院、研究院所和技术中心

按照小而精、开放式、国际化、高端化的原则，联合境内外高校、企业、科研机构，以产业为引导，以高技能人才培养为主题，以优势专业为基础，以创新为动力，力争首批建成1个深圳市特色学院、一批研究院所和技术中心，培养深圳战略性新兴产业发展急需的高技能创新型人才。

5. 培育一批在业界有突出影响的重大标志性成果

通过聚合政、校、行、企多方力量，培育有影响力的“技术教授”，全面提升科研创新能力和水平，形成一批在高职教育和行业里有影响的大师、团队、平台，推动学校在体制机制、协同联动、资源整合、科技研发、人才培养方面形成重大、整体性突破，在体制机制改革、科学研究、人才培养等方面取得一批标志性成果。

6. 培养复合式创新型高素质高技能人才

转变教育教学观念，以学生为根本，以社会需求为导向，积极应对产业转型升级和人的可持续发展对技能型人才培养的新要求，加强协同创新和协同育人，以复合专业、复合课程、复合能力、复合证书为重点，变革教学运行机制，优化专业素养和能力结构，强化学生自主学习，创设复合式创新型高素质高技能人才培养新模式，力求走出一条有中国特色的复合式创新型高素质高技能人才培养之路。

三、实施原则

学校实施的产学研用协同创新，要按照《决定》“统筹部署，分层实施；分类建设，择优支持；广泛聚集，多元投入”的基本原则，坚持“高起点、高水准、有特色”，汇聚现有资源，积极吸纳社会多方面的支持和投入，有机融合各类育人要素和创新要素，分层、分类择优扶持一批创新型优势项目，争取经过四年的滚动发展，形成我校产学研用协同创新的新格局。

四、实施方式

本方案自2012年启动，四年为一个实施周期。在统筹规划的基础上，由各单位自主申报，产学研用促进处组织评审，通过立项建设、绩效评价，遴选优秀项目推荐申报校内外各级协同创新中心（平台）。

1. 统筹规划

确定创新领域和主攻方向。从科技发展前沿和国家、行业、产业、地方的重大需求出发，结合各单位自身的优势与特色，确定产学研用协同创新方向。方向选择应具有较强的针对性、战略性和前瞻性，具有一定的广度、深度和复合性，体现多学科交叉、多功能融合。

广泛汇聚优质资源。充分利用现有政府、行业、企业及国内外社会的支持与投入。以人才作为产学研用协同创新的核心要素，加快与合作单位在资本、信息、成果、仪器设备等要素的整合，形成协同促进的新优势。

构建有利于产学研协同创新的软环境。结合产学研用协同创新目标与任务的要求，系统设计机制体制改革，创新人员聘用与考评方式，完善学生培养机制，建立有组织创新、协同管理、资源整合与成果共享等制度体系，形成有利于产学研用协同促进的长效机制。

2. 申报评审

产学研用基地、项目经学院审核同意后，报送产学研用办公室。协同创新中心采取限额推荐的方式，报送产学研用办公室。产学研用办公室负责对申报材料进行形式审查。经形式审查合格后，产学研用办公室委托第三方按照申报的类型，采取答辩的方式对申请认定的产学研用基地、项目与协同创新中心进行评审。评审专家组按一定比例择优提出建议名单，并形成专家组评审意见。产学研用办公室根据专家评审意见提出拟认定的建议名单，报产学研用指导委员会审议后，批准认定为产学研用基地、项目与协同创新中心。评审主要指标为：

（1）方向选择应符合科学前沿或产业发展需求、区域重点发展规划，模式选取合理，定位准确，目标清晰。

（2）已建立了实质性的机构，各方任务明确，职责清晰，建立了优势互补、互利共赢的协同机制和形式，形成了良好的协同创新氛围。

（3）从产学研用协同创新的实际出发，在组织管理、人员聘任、科研考核、人才培养、资源配置等方面开展了有效的机制体制改革，方案具体，措施得当，进展顺利，成效明显。

（4）已聚集了一个优秀团队，具备解决重大需求的能力和水平，有充实的科研任务，能够有效地整合相关的资源，形成了较强的资源汇聚能力，相关各方面的支持落实到位。

（5）具备组织开展产学研用协同创新的能力和实力，在基础设施、研发平台、仪器装备、日常运转等方面基础良好，能够为有效运行提供良好的支撑与保障。

3. 立项建设

立项建设后，产学研用基地、项目与协同创新中心在学校的指导下，建立由参与各方代表、专家组成的管理委员会，负责把握学术方向、指导人才培养、参与人员遴选、推动国内外合作等重大事项。基地、项目和中心的日常工作由主任负责。学校负责经费投入，二级学院作为依托单位应给予相应的支持，在人、财、物等方面为产学研用基地、项目和协同创新中心提供必要的支撑条件，在政策和资源配置等方面给予必要的倾斜，以确保基地、项目和中心的良好运行和预期目标的实现。

4. 绩效评价

在建设期内，应加强对产学研用基地、项目和协同创新中心的目标管理和阶段性评估，建立年度报告和周期评估相结合的评价方式。年度检查以自查为主，提交年度工作总结报告。运行满四年后，学校委托第三方组织评估。建立绩效评价机制，对于成效显著、评估优秀的产学研用基地、项目和协同创新中心，可进入下一周期的实施。对于评估不合格的产学研用基地、项目和协同创新中心，学校将要求其整改或撤消。

5. 择优提升

在绩效评价的基础上，学校根据运行情况和运行实效，对优秀项目进行提升建设，并推荐参评区、市、省、国家协同创新中心或“2011 计划”。

五、保障措施

1. 加强教育与培训，形成重视产学研用协同创新的理念与氛围

强化产学研用协同创新，观念是先导。通过教育与培训，帮助全校员工进一步解放思想，转变传统的育人观念，牢固树立产学研用立体推进是高职教育的灵魂和精髓，是高职院校办学特色的重要体现和建设发展的必由之路，是培养高技能人才唯一途径的理念；牢固树立“企业为主体，市场为导向，产学研用相结合”的价值理念，改变“先有成果，再找企业”的思维模式，进一步明确应用科研要以市场为导向，紧盯需求，形成以企业为主体的产学研用机制，实现产学研用的无缝对接，在与企业紧密合作的基础上推动科研创新和人才培养；牢固树立合作共赢、协同联动的理念，敢于突破资源边界的壁垒，广泛开展校内学院之间、专业之间、职能部门与教学单位之间的跨界合作，广泛开展产学研用各单位之间的资源整合与协同创新，建立多方共赢的创新生态。

通过各种会议、座谈交流、媒体宣传、专题调研等途径，让所有员工深刻认识产学研用协同创新的重要性和紧迫性，让绝大部分员工积极行动起来，投身产学研用协同创新的实践，让他们在实践中干出成绩、成就事业。

2. 制订相关政策，建立促进产学研用协同创新的制度和机制

根据产学研用协同创新的新要求，系统思考、设计、完善学校的人事考核制度、科研组织制度、成果转化制度、教学评价制度、学生管理制度，形成有利于产学研用协同创新的一系列利好政策，激励有能力、有资源的教工，团队积极开拓产学研用协同创新的新途径、新领域、新模式，逐步建立以市场为导向的产学研用协同创新的制度支撑体系。

尤其要完善产学研用协同创新的评价激励制度，改变只看重科研论文、专著和获奖，只关注政府纵向课题项目及经费、学术理论水平，不重视科研成果对社会经济发展的实际应用价值，不关心企业市场需求及有产业化前景的横向课题研究的科研评价机制，进一步完善科研成果评价与考核体系，积极落实国家有关科技成果转化的政策，激励师生和科研机构科技人员参与产学研用协同创新，激发产学研用协同创新主体的深层内驱力。

3. 完善组织建设，统筹协调产学研用协同创新的规划和发展

校级产学研用促进委员会，负责产学研用协同创新的顶层设计、宏观布局、统筹协调、经费投入等重大事项决策。委员会由学校领导、二级单位领导、相关行政职能部门领导、协会领导和合作企业代表组成。委员会下设产学研用办公室（办公室挂靠产学研用促进处），负责规划设计、组织实施、监督管理等工作。学校其他行政处室，在各自职责范围内负责产学研用协同创新的有关工作。产学研用办公室统筹、协调学校产学研用工作，制定相关规划。各二级学院在学校的统筹安排下，成立相应的机构，负责本学院的产学研用协同创新工作。

在学校的统一安排下，各职能处室与区、市、省的生产力促进中心、评估咨询机构、科技信息中心、知识产权法律中介机构等自主创新的知识型的中介服务机构建立固定的业务联系，共建产学研信息交流服务平台，解决产学研用结合中信息不对称的问题。

4. 拓展经费来源，规范和加强对产学研用协同创新投入的监管

争取多方投入设立产学研用协同创新专项基金。专项基金以学校投入的一部分专项资金为基础，积极争取和引入政府和社会资金，建立学校投入、财政投入、银行贷款、企业投资、社会募集等多元化、多渠道投资体系，保证产学研用协同创新资金的投入。

专项基金主要用于：制订学校产学研用协同创新相关制度文件；资助学校各单位和企业联合设立产学研用基地、协同创新中心等产学研用合作项目；对学校各单位参与企业技术改造、产品研发、科技攻关和促进科技成果转化给予资助或奖励；奖励、表彰其他在促进产学研用协同创新中作出显著成绩

的单位和个人；资助相关研究、专题培训、成果发表或出版；筹办相关会议；产学研用信息交流平台建设；其他有关促进产学研用合作的经费资助。各单位要加强对专项资金的监督和管理，专款专用，不得挤占、截留和挪用，并接受学校审计及上级财政、审计等部门的监督检查。专项资金使用管理情况将作为年度检查和阶段评估的重要依据。

六、附则

本方案自颁布之日起实行。由产学研用办公室负责解释。

学校各职能部门过去颁布的规章制度若有与本实施方案冲突的，以本实施方案为准。

二〇一二年八月十七日